图书在版编目（CIP）数据

人生炼金术 / 庄太量著. ——北京：新华出版社, 2017.4
ISBN 978-7-5166-3221-5

Ⅰ.①人…　Ⅱ.①庄…　Ⅲ.①经济学－青少年读物
Ⅳ.①F0-49

中国版本图书馆CIP数据核字(2017)第092997号

人生炼金术

作　　者：庄太量

选题策划：江文军　　　　　　　责任编辑：江文军
特约编辑：浦奕安　　　　　　　责任印制：廖成华
责任校对：刘保利　　　　　　　封面设计：后声文化

出版发行：新华出版社
地　　址：北京石景山区京原路8号　　邮　　编：100040
网　　址：http://www.xinhuapub.com
经　　销：新华书店、新华出版社天猫旗舰店、京东旗舰店及各大网店
购书热线：010－63077122　　**中国新闻书店购书热线**：010－63072012

照　　排：臻美书装
印　　刷：北京凯达印务有限公司
成品尺寸：210mm×145mm，32开
印　　张：7.375　　　　　　　　字　　数：120千字
版　　次：2017年7月第一版　　　印　　次：2017年7月第一次印刷
书　　号：ISBN 978-7-5166-3221-5
定　　价：39.80元

推荐序一

"勤俭致富"这种美德，似乎已被新一代遗忘。不少年轻人显得急功近利，期望一朝发达。香港的窝轮（权证，warrant）成交额多年来是世界冠军，大部分是散户投资者；一些贺年挥春亦写上"横财就手""不劳而获"等字眼。可以说，追求财富、赶紧发达的心态，并不罕有。

总结我在金融界40年的观察，财不入急门，勤俭致富才是必赢之选。 所谓"勤"，是指在求学或就职时必须勤劳苦干，才能积累经验；"俭"即是以低成本、低开支生活，令在职时积累财富。当我们赚取第一桶金后，再稳步积累，赢取愈来愈多的财富，此为正途。然而，时下年轻人，不少是赚得多、花得更多，先花未来钱；有的则过于进取， 进行投机炒卖，继而负债累累。

庄太量教授正是"勤俭致富"的典范。年轻时的他，早已稳健部署，誓要考上博士，发愤图强。他采取了减少睡眠的策略，孜孜好学，终于成为经济学人中一名猛将——2000年至2005年于理论计量经济学全球排名第37位。他以无与伦比的毅力及智慧，为自己创出成功的道路，殊不简单。本书透露了他精明生活及丰盛人生的阶梯，值得年轻人参考。

　　他脸上总挂着淡淡的微笑，舒泰自然。我不知道是否跟他的身家有关系，但我可以肯定地告诉大家：庄教授为人俭朴，心无奢华杂念，能专注事业，正是他奔向成功的要素。我们必须搞清楚的是：致富只是手段，不是目标。当我们财富自由时，就可获得人身更大的自由，选择自己爱做的事项。总的来说，心中富足，才是我们的极终目标。

王澎世　麦肯锡公司亚太区资深顾问

推荐序二

庄太量兄的力作，对我来说是太吸引了。

一方面是因为我完全认同他的见识和勇气，能道出人生不同阶段的抉择，以其博大精深的经济学人眼界，提出"炼金术"，绝对是年轻后辈之福。

另一方面，书中的内涵已超出"学问"的困局，进入生活，把"知识"化成"智慧"，大有"道成肉身"之感。若时光倒流，能先看庄太量兄之指路之作，我的人生必定不会走那么多弯路。

司徒永富博士　鸿福堂执行董事

推荐序三

　　我看过不少理财及自我增值的书，如今拜读庄太量教授的《人生炼金术》，依然看得津津有味。我一边看，一边感到共鸣：从他简约的理财，朴实又进取的人生，悟到了逍遥与充实。

　　作为经济学家，庄太量在生活上观察入微。无论衣食住行、办事、进修、事业升迁等，他都能以供需效益、本小利大、如何达至最优化等经济角度考虑，说来生动有趣，又富实效。该书解答了不少年轻人的疑惑，包括升职的交通灯现象、买车或许败家、伴侣大花筒等。有的内容看似老调重弹，例如：厉行储蓄、及早还清房贷，但实质上均为金科玉律。庄教授苦口婆心，值得"月光族"洗洗脑袋，从长计议。

他在书中流露了个人真实的悭俭人生，身体力行，先苦后甜，展示如何稳妥地拥有财富。该书可以说是谈理财及自我增值的浓缩本，为年轻人追寻事业成功、财富自由及美好人生提供捷径，不得不读。

廖美香　团结香港基金执行总编辑

推荐序四

机缘巧合，进入港中大－清华FMBA就读，做了庄太量老师的学生；机缘巧合，庄SIR在第一堂课时，让两位同学报数字，用概率论选中了我的学号。让我这个班上为数不多的非金融圈人士，成了幸运儿，也成了我在2016年唯一抽中的礼物——庄太量老师所著港版《人生炼金术的7大抉择》。

在清华FMBA的学习中，庄SIR有着显著的个人风格，在一众名师中脱颖而出。就其研究领域而言，和我采访过的其他专家相比，亦有其突出特性：严谨认真中不乏潇洒与幽默，常常把同学带入其中开玩笑，但有尺度把握。

作为全球排名领先的计量经济学家，他有着强大深厚的学术背景，讲起金融专业知识来条分缕析、逻辑贯通。但庄 SIR 的课一点也不枯燥，他会融入香港经济生活中的大量案例，给大家以启发和思考。他以强大的人文性作为课程支撑，不乏明星经济学家的气质，纵横捭阖中不乏低调踏实。同时，他不时会结合中国经济发展情况和同学们的实际工作情况，寓理于情境中，说说笑笑间就把道理讲明白了。

人称庄 SIR，那是实至名归的帅，符合一众女同学儿时记忆里港片高富帅的所有想法。一次上课，庄 SIR 和大家交流起年龄，他比我们班最年长的同学（截至 2016 年，香港中文大学毕业生基金规模累计超过 1681 亿元，其中 98% 来自 FMBA 项目，生源主要面向有工作经验的金融机构中高层管理者，每个班都有年龄稍大已功成名就的同学）还要大那么一点点儿……但是，得体的谈吐、俊雅的气质、不俗的衣品，让庄 SIR 的年龄在同学中间同样曾经是个谜。

好啦，说了这么多，众位读者是不是对这位高富帅型的"洋豪"庄 SIR 产生了诸多兴趣？我不想对书中内容剧透，但这本书非常值得中国大陆读者一读，大到婚恋、读书、投资、择业，细至酒店选择、衣食住行、饲养宠物等的理财层面，在此书中均会有所涉猎，希望能看到你想要的答案。

浦奕安　新华社电视制片人、资深记者；作家

自序一

我在大学任教多年，一直都是写学术文章，有时也会在报纸上发表一些有关经济政策的建议，但一直都没有写书。不少出版社曾经与我接触，希望我出书，但自己的工作十分忙碌，而且还未找到一些值得写的题材。直至香港天窗出版社跟我洽谈，希望我可以写一本给年轻人的书，帮助他们学习投资，自我增值，及如何在人生交叉点上做抉择。我认为这个题材很有意义和十分重要，所以便一口答应下来。

为了尽量令年轻人觉得这是一本切身实用的工具书，我用了不少时间筹备，认真访问了很多年轻人，探讨他们的需要。我以过来人的角度，结合经济学在现实生活中的应用，谈谈在人生每个阶段遇到不同的问题时，我认为应该如何做抉择。书里每一章的题目都是精挑细选的，有些题目在脑海中酝酿多年，主要针对年轻人在高中、大学、研究院面对的学业及升学问题，以及进入社会工作后面对的找工作、升职及投资等问题。书中亦会分析如何处理朋友及情侣关系，以及在结婚生小孩等人生问题上，应从什么角度思考及抉择。这本书适合一般大众，尤其是年约20至35岁的年轻人。由于这是职业发展、家庭构建、财富积累的阶段，年轻人必须对于人生每个阶段的重大问题有一些认识。这本书给予年轻人一个平台，让他们及早对以上问题做好准备，更好地规划生活和工作。

这书得以成书，有赖众多好友的支持、帮助及赐予宝贵意见。非常感谢吕杰伟、盛雪燕、王丹利、叶德生、丁浩员、王定焰及刘雯琪对原稿的校对及改善工作。我也感谢天窗出版社给我一个平台，让我可与年轻人分享自己的投资及人生经验。我把本书献给所有年轻人。

庄太量

2012年·春

自序二
日常生活如何运用经济学

　　经济学所涵盖的范围极广，大至世界经济周期、战争博弈、环球金融市场、国家的公共财政，小至个人投资理财、结婚生小孩等行为，都可用经济学解释。这是因为无论大小事情，只要是由人决定，而不是抛硬币的随机决定，背后都有个做出决定的因由，而这因由都是为了某些个人或机构的利益，而为了达到该利益，所付出的成本不应比利益大。正如我有时看电影，发现电影里的有钱人开着一辆很破旧的车，那我便知道这车将要在这部电影里被撞烂，结果真如我所料。又例如在一套警匪片电视剧里，凶手或死者都是戏内主角的亲戚或朋友，既可做亲朋的戏份，也可做凶手的戏份，不用找两个演员，可节省成本，所以用经济学也可猜出谁是凶手。又例如明星名人最怕被偷拍隐私，但为什么他们会跟踪偷拍你呢？他们不是跟你有仇，只是你的照片可用来卖钱。那么明星名人如何可不被跟踪偷拍呢？只要把跟踪偷拍成本大幅提高，使跟踪偷拍的成本高于这报纸杂志售卖及广告的利益收入，他们便不会跟踪偷拍你。如何提高跟踪偷拍者的成本呢？那可能自己也要很花钱，例如聘请几个替身，多买几辆同颜色同型号的车，使原本两星期时间便可拍到你提高至两年，那么你便不会成为目标。所以如果你被偷拍的损失高于反偷拍的成本，那么你便可保护隐私，否则的话让他人偷拍好了。

所以有些事情，有些工程项目，在科技上人类是可以做得到的，但因它们不合成本效益，是一门赔本生意，所以在现实世界见不到这些事物的出现。人的行为，也是基于成本效益分析，要改变一个人或一个机构的行为，我们只需改变该行为背后的成本效益结构便可。例如入读大学，大家要考中学会考，中学会考着重中英数，大家便花时间学中英数。如果有一天大学入学只比试抛石头看谁抛得远，大家也可能每天只练习抛石头。人会对偿罚做出反应的，就算是最亲的人，如父母、子女、丈夫太太、男女朋友，也会对你偿罚他们的机制做出反应。

其实日常生活中，你我都是经济学家，中学生们在读通识课时，不妨也加入一些经济学分析。社会上每日发生的事情成千上万，政府的政策也十分繁多，我没有可能每一个现象和政策都与大家分析。但万变不离其宗，任何政府政策，只是一项资源的重新分配，好的资源重新分配，必定是分配完毕后没有人变差了，但有人变好了。如果这个目标达不到，那么就要把蛋糕做大一点，然后再想办法更加合理地分配。政策不仅要技术上可行，还要政治上被接受，这样才为上策。

前　言

　　我相信每个人都有自己的才能，但未必人人都懂得如何把自己才能的含金量提炼出来。在百物腾贵的年代，要生活无忧不是一件易事。你能否一辈子自给自足，如何自我提炼及善用第一桶金十分重要。

　　除非你打算独身一辈子，否则人生的第一桶金应先用来解决人生大事，如结婚、生小孩及买房，剩下来的资金才考虑其他。究竟一辈子要赚多少钱以应付这些大事，才可自由自在地享受人生，做自己喜欢做的事呢？如果你是一个大学生，希望在香港拥有中产的生活水平，你可先把人生必需的大开支列出，便会发现已需要 1500 万元。

　　以上数字一点也没有夸张，若自己计算一下，如结婚要 30 万元、买房要 500 万元、供养父母要 100 万元、养大孩子要 200 万元、养自己至退休要 300 万元、退休开支要 300 万元。因此，在你还未赚到 1500 万元前，即使拥有数十万现金，也不应胡乱花费。

这 1500 万只是一个参考，反映现时香港的生活水平。当然，不是人人都要有车有房，人生才有意义。每个人的生活水平，受自身的经济资源所限，但无论你是否看重金钱，至少你要有能力养得起自己及自己的儿女。虽然我们不可以选择在什么家庭环境出生，但没有人天生就注定一世贫穷。若人生可以从一无所有，到成家立业，再到生活无忧，也是一件值得自豪的事。但为什么这些看似简单及理所当然的人生过程，有些人却不能享受，究竟问题出在哪里？其实，问题很多时候就出在当事人在人生交叉点做错了决定，以致浪费了光阴，偏离了正轨，到醒觉时已太晚，无法回头。

我写这本书的目的，是希望年轻人可以透过简单的经济思维，更有效地管理自己的学业、事业、家庭及财富。处于人生交叉点及做决定时，可以考虑得长远一些。书中解释了为何我们要懂得理财、为何要懂得投资于人际关系，如何投资自己的人力资本，以及如何开源节流等大家日常都会遇到的事宜。

这本书除了教导年轻人如何投资人生外，我也在各章节加上了不少励志元素，所以也是一本励志书。我过去曾就这本书的内容在内地和香港的大学，包括中国人民大学、厦门大学、香港中文大学及香港岭南大学作演讲，同学们反应热烈。我最希望见到的是，大家认为这本书物超所值，在看过后，会感到思想上有所转变，及被我的话鼓舞。如果大家觉得这是一本对年轻人有启发性的书，可把本书送给你所关心的朋友。

目 录
contents

第一章

选对行车线　职场平步青云

1.1 测试自己赚钱能力的极限

　　年轻人一般的心愿，是念完中学可考上好的大学，念完大学可找份好的工作，8 小时工作。我自己一直念书，小学、中学、大学、博士，中间做过兼职及暑期工，五金工厂、针织厂、补习社、外汇经纪都做过。但第一份全职工作，就是在大学教书，而且多年来一直在大学工作。

　　我刚刚博士毕业时，才 26 岁，已拿大学教授的工资和福利，比大部分同龄的年轻人幸运，所以全心全意投入工作，把自己的时间全部贡献给大学，除了自己的个人投资外，从没有想过以其他的工作方式多赚外快。但我相信社会上大部分人没有我当年幸运，像诺贝尔奖得主华人物理学家崔琦说的，找到自己有兴趣又投入的工作，而且还有钱收。

切忌把责任推卸给社会

如果你觉得自己收入低，我认为先不要否定自己。我个人认为不能用赚钱的多少去衡量一个人对社会的贡献，农民收入不高，但社会不能没有农民。赚钱虽然不是最重要的，但我认为除非你没有工作能力，否则起码要能赚钱养活自己，这包括自己退休后的开支，不能认为"钱财于我如浮云"就把养活自己的责任推给社会。如果你想令自己的收入大增，其实不难，只要你有足够的决心、毅力和体力。社会上有两类人，一种是创业型，每分每秒都希望为自己的财富增值，他们懂得利用杠杆，借助他人的劳动及市场上的资金，向银行贷款甚至把公司上市，建立自己的王国，但这类人只属于少数，因为大部分人没有这个能力、毅力，而且不愿意冒险。另一类人，亦是大部分人，都是出卖自己的劳力，赚取工资，有些工资可以很高，如银行家、医生、律师，有些则拿最低工资，如清洁工人。

善用业余时间 主动出击

我认为就算你是打工仔，赚钱亦必须主动，不应被动。如果你失业，是否就要坐在家里望天打挂？如果你的工资过低，是否就应甘于现状？天生我材必有用，你的工资低，主要因为你在卖大家都有的基本劳力，而不是在卖你的专长。我认为无论你失业也好，有工作也好，工资高也好，工资低也好，你一定还未到你赚钱能力的极限。我认为你应把你现在的非工作时间也卖出去，做兼职、投资、写稿、补习、教琴等等，如补习 1 小时可赚 200 元，那么一天补 4 小时就是 800 元，一个月就有 2.4 万元，可能比你全职工资还高，两份收入加起来可以有 4 万元，对一个大学刚毕业的学生来说很不错。一天工作 12 小时虽然辛苦，但我认为人生几十年，花几个月，辛苦一些，测试自己的赚钱能力，其好处有三：

● 最直接的得益当然是增加收入，解决生活问题。
● 当你发觉原来自己可以赚比全职工作多两三倍的收入

或更高后，你便很难走回头路，你不会甘心放弃目前的收入及生活水平，所以你将会不断思考如何再赚更多，这会提高你的长远财富。

● 当你经历过几个月的地狱式赚钱自我训练后，你的赚钱能力和自信心将会大大提升，你不再会有自卑的感觉，思想亦会比同辈成熟。

不少年轻人其实很聪明，但其收入与其聪明程度不成正比，如果你认为自己是这类人，不要再浪费时间抱怨社会不公平，或自己的际遇不好，整天躲在家里看电视，等机会出现。世界上很多富豪第一代都经过这样"地狱式"的赚钱训练。虽然不是人人想当首富，你或许也想过些自在平淡的生活，但如果不是没有能力的话，努力赚够钱后你也可选择提早退休。但是有能力工作而什么都不做，等着拿社会福利的年轻人，很难活得有尊严。

1.2 面试时雇主想从我身上找到什么

我的工作很多时候都需要面试年轻人，有的是来应聘工作，有的是来面试奖助学金，有的是来面试学生海外交换计划，各种各样。一般来说，来面试的女生的衣着及打扮比男生庄重。有些男生在面试时好像未睡醒的样子，头发也没整理好。

一个人的能力和其外表不一定有直接关系，很多性格比较自我的申请者，以为自己成绩好，对方便会雇用他，这其实是错误的想法。如果只看成绩的话，如有些奖学金，是根据规定发给成绩最好的学生，学生与评审者不用交流，以后也不会有合作机会，那么就没有面试的需要。

老板要的不是牛

有些应征者的重要特质是不能从申请表上判断的，所以面试的目的，就是要看看应征者是否具有雇主想要的特质。以下几项是雇主希望通过面试得知的申请者信息：

● **性格是否太过自我**

雇主聘请雇员，会当他是将来的合作伙伴，亦会投资在他身上，所以会留意应征者的个人性格是否太强，如果是的话，这个人将来有很大机会和其他员工甚至和自己发生冲突，或很容易因工作不如意而离职。一个有能力的雇

选对行车线　职场平步青云
第一章

员的离职，对公司来说成本不少，以往对他的投资及培训付诸流水，还要花钱做广告及花人力和时间去再聘请新人，而这员工所负责的项目，未必立即有人可接手。为了减少不必要的人事成本，雇主会宁愿请一个能力不太高，但听教听话的人。有些申请者很情绪化，有些甚至有自杀倾向，雇主一般也不会雇用这类申请者。

● 语言及表达能力

要评估申请者的语言能力虽然可以看其考试成绩，但也不能作准，必须亲自跟他对话。申请表的数据很多时候会被夸大，应征者写得天花乱坠，但一开口就不是那么回事。有的则英语成绩普通，但英语口语说得好像母语，两者我都遇到过不少。有的申请者说话时没有自信，有的则在面试时背稿，完全不理我在问他什么。这些个人特质，是不可以从申请表上看出来的，必须面对面交谈才能了解。

● 责任感及对工作的忠诚度

雇主最看重雇员的责任感，如你三年内换了五次工作，又或你每份工作都不超过一年，当中又有几个月去旅行，雇主一定会问你个中原因。有些面试申请者，面试都迟到，有些则不来面试也没有事前通知，做事完全以个人的喜好为依归，不知责任为何物。我认为年轻人头一两年可试几份工，找份自己称心的然后便稳定下来。如果你已工作五年以上仍经常换工作，雇主心里便会先入为主，认为你是一个没有责任感及忠诚度的人，就算肯聘请你，都不会栽培你。

● 对薪酬是否斤斤计较

有些申请者工作能力很强，但凡事斤斤计较，对薪酬方面的问题问得特别多。有些工作，尤其是政府及公共机构的以月薪计的工作，虽说五点半可下班，但偶尔有大型项目时，都会比较忙。如果你问六时半下班有没有加班费，就算有，你已给雇主看出你是非常计较、以个人利益为重的人。所以在面试时，我建议大家在问薪酬方面的问题时不要太仔细，这会给雇主一个很差的印象。如果你真的想知道得多一点，可以简单问雇主哪里可以获得这方面的信息便可。如雇主真的希望聘用你，大多会以一个比你目前工作更优厚的条件请你。如果你有些薪酬福利数据在你的申请表上没有写下的话，可在雇主将要聘用你时才反映。如果雇主的条件真的未达到你的期望，可以不接受工作，但不必谈及原因。如果雇主真的有诚意的话，会追问缘由。

自己开口叫雇主提高条件聘用自己，如果谈不成，反而令双方尴尬，影响双方关系。市场上之所以有猎头公司之出现，除了这类公司可代客户找合适人选外，还有另外一个作用，就是当双方条件谈不拢时，由中间人来拒绝，大家好下台，不致影响双方关系，尤其是大家都是社会上有地位或互相认识的人。有些工种，如大学校长，不是等人家来申请，而是要邀请合适人选申请，但又要邀请，到后来又说人家选不上，没有一个中间人，双方会很尴尬，猎头公司就有类似媒人的作用。

以上几点是雇主在面试时要从你们身上发掘的，所以大家应聘时要注意以上事项。

善用大数定律找工作

在面试之前的找工作阶段，有几点也十分值得大家留意：

● 不妨把目标定高一点

有些年轻人缺乏自信，觉得自己条件不够好，便不积极去多申请一些好工作。但大家要知道，工作的配对是双向选择，雇主在选择好的求职者时，求职者也在选择好的雇主。由于雇主明白自己不一定是市场上最有吸引力的，亦不想花太多时间于聘用过程造成资源浪费，在自身条件及时间限制的环境下，他们的最佳策略不一定是首先聘用条件最好的申请者，因为这个人很可能有更好的公司请他，或他会拿了这个工作机会作为筹码去和更好的公司谈判，把你拖住一两个星期。所以条件中上的申请者反而有机会首先被录用。这种情况不但经常发生在职场，本地及海外大学招收本科生及研究生时，都会面对同样的情况。所以你求职也好，报读学位也好，不妨把目标定高一点。

● 分清老板和管理层对应征者的不同取向

如果是大老板亲自见应征者，他会比较注意你的工作能力，看看你能否为他的公司赚钱，你和他没有直接的利益冲突，你越能干，老板越喜欢。但如果见你的只是老板的代理，尤其是只高你申请的职位一级的中低管理层，由于他们首要的考虑是自己的饭碗，不是公司的盈利，所以如果应聘者有能力在短期内可取代自己的地位的话，他们会视对方为威胁，反而会录用一个能力较低的申请者。情况就像如果主管人事部的是女性，越漂亮的女求职者，成功被取录的机会可能越低。

● 善用大数定律

我从事计量经济及统计研究，知道统计定律的威力。统计学中一个最重要定律，叫作大数定律 (Law of Large Number)，即在一般条件下，从样本得到的参数估值，如样本平均，在样本愈来愈大的情况下，会越正确反映人口平均。例如你在街上随意抽 30 个人，他们的平均身高会大致反映全香港人的平均身高。在申请工作时，大家也应善用大数定律。有些学生找工作找了很久都找不到，来向我求救，我问他们总共申请了多少份工作，他们说已申请了约 10 份。其实这是不够的，根据我自己的找工作经验及多年的观察，一般来说，申请 10 份工作才有一份有机会面试，10 次面试才有一份录取。所以如要获得一份好工作，起码要发出 100 份申请。如果你已发出几百份申请也找不到工作的话，不是大数定律不对，而是每次找工作的实验不够随机，在找不同工作的时候，犯了一些共同错误。这时候要做的不是再去找工作，而是要冷静下来自我检讨。

● 避免失业时间过长

有些有条件有学位的年轻人，对工作的薪金、职级及名称很执着，非找到自己的理想工作不可。有的则家庭环境好，不用工作也有钱用。但有一点要注意的是，千万不要让自己失业时间太长，否则的话雇主不是认为你是个没有能力的人，就是认为你是个懒惰的人，失业时间愈长，要再找到工作的机会愈小。要记住你的履历表会跟随你一生，如有一段很长的失业期，你的履历表将会十分难看。所以宁可先做着一份容易找的工作，再找心目中的职业，也不要让履历表出现空档期。

1.3 建立人际网络的经济学

年轻人努力工作，除了可赚钱维持生计外，工作表现出色的也可升职，他们在社会上的地位也可慢慢被提升。如果你的事业心重，除了投资在工作技能外，投资在人际关系上也是很重要的。

有些年轻人很有才华及工作能力，但恃才傲物，觉得其他同事，甚至上司的能力不如自己，所以不屑与其他人交流及打好关系。有些年轻人则容易害羞，不敢与其他人沟通。其实良好的人际关系及社交网络对年轻人的事业不无帮助。

成也关系 败也关系

社会是由人组成的，公司及其他机构就是社会的缩影。人是十分复杂的动物，除了是经济动物外也是政治动物，除非你的工作不需团队合作，例如你是一个画家或作家，你没有上司及其他同事，那么你可能觉得投资在人际关系上是一种浪费时间的活动。如果你不是个体户，那么你的工作成果便由你的上级决定，并需要得到其他同事的认同。

有些工作的表现很容易量度，如销售员的工作表现可看其销售业绩，而且由于只有单一标准，即使与上司及其他同事关系差，他们也不能不认同你的工作表现。但很多工作，如公务员、没有战争经验的军人或私人秘书，你的工作表现很大程度上只有由上司决定，如果上司是一个心胸狭窄的人，那么如果你不善于处理人际关系，即使你工作上再努力也是徒然。但请勿误会我是鼓励你们要靠拍上司马屁去争取升职。

与上司沟通要设身处地

我认为很多时候上司下属或同事之间在工作上有分歧，是因彼此的价值观不同或没有完全的信息。例如一个价值观是目标为本的警察，他为了捉贼，利用不合法的方式，或把其他同事置于一个不必要的危险境况，或他违反上司的指示，可能这个警察很有能力，可能他的方法可提高捉贼的机会，但他只看到成功的一面，没有想到其他人及上司要被迫共同背负他失败的责任。他的上司会以大局考虑，反对他的英雄主义行为，这下属又会以为上司针对他或妒忌他的工作能力，结果大家的关系就被破坏了。

其实如果你多与你的上司沟通，谈谈你的工作方法有什么你自己看不到的不妥之处，再设身处地，想想如果你是上司会否作同一个决定，如果会的话，那么你便会了解上司多一些。你亦要明白上司的工作压力的来源和你不一样，也由于他的责任比你大，他的工作压力也一定比你大。如果你对上司多些了解，你可能会对他产生同情心，愿意多跟他相处，搞好上司下属关系，这跟拍上司马屁是两回事。

因应职级 与同级打交道

至于同级同事之间，对人际关系投资的考虑比较复杂，因为这些人是你事业上的竞争者，他们也不会决定你可否升职，在同事众多及时间有限的情况下，你究竟花时间投资在提高个人工作表现，还是花时间和所有同事或工作伙伴建立友谊，是个很难的决定。

从经济学的角度看，我认为这要视你现在的职位及社会地位而定。一个社会或组织的建构是三角形的，上层的人少，下层的人多，如果你现在是公司的中下层员工，你的升职机会大部分是基于你本职工作的表现，人事因素较少，而且这个阶层的人多，你要投放在人际关系上的成本较大，如果你每日都花几小时去跟每个人打好关系，你便没有时间集中精神在本职工作上，可能因此便不能在这个机构升职，当然，你的投资不一定会浪费，将来或许有用。

相反，如果你已在一个公司或机构升到很高的职位，在公司里差不多没有同级，又或者你在社会金字塔的上层，已拥有很高的地位，这时候你再投资在你本业技能上提高个人能力已对你升职帮助不大，但投资在人际关系上的回报就相对较大，因为在公司或社会里跟你同级的人他们也很有权力，如果你不打好关系，你所失去的不只是一个人的友谊，而且是这个人管辖下的机构跟你的所有经济利益。由于这金字塔顶层的人较少，比较容易分配时间。所以大家都会见到很多时候两家大公司的生意合作，都是公司最上层在高尔夫球场上决定的。人际关系在这阶层是促进工作表现的重要因素。

与下属建关系 先看团队人数

那么做上级的要不要花时间与下属打好关系呢？这个要从多角度考虑，有些上司就不喜欢与下属太接近，以避免下属因不怕自己而不全力工作；有些则为了避免在评核下属工作表现时有太多感情因素。

我认为上司是否应投资时间与下属建立关系，要看工作团队的大小，如果你只管理 10 人以下的团队，那么他们每个人的平均生产力就是团队的 10% 以上。团队人数小，你可多花时间在每个下属身上，如果跟一个闹翻，你的机构便会失去 10% 以上的生产力。

如果你管理千人公司，你不可能认识每个员工，更说不上跟他们建立关系。但起码你一定要有十个八个跟你关系较好的"亲兵"，再靠这些"亲兵"去管理庞大的队伍。在核心工作圈的下属，其实是你的资产，但要拥有一个你能信任又肯为你卖命的下属，你除了付出高一点的工资，多些请他们吃饭的开支，我认为最重要的是关心他们的前途，多为他们的前途给意见，而且要出于真心。

　　史上成功打江山的人，从来不是最有个人工作能力的人，而是一个精神领袖，把一批人凝聚在一起。所以无论对上司、同级或下属，建立良好的人际关系网络都十分重要，其中我认为与下属建立良好关系的收益尤其大，因为上司及同级不会替你卖命，你的得益只是短暂的。

　　最后有一点要补充，我以上所说不是否定人与人之间的交往只会基于利益关系之上，你可以有生活上的密友，但由于人的时间有限，不可能每个认识的人都能成为密友，而在工作上人与人之间要互相帮忙，以上所述的只是如何分配有限的时间在人际关系投资及个人本职工作投资上。

1.4 使自己成为一座桥，提升自我的职场价值

你的工资是由劳动力市场的需求及供应决定的，所以如果你希望提高自己的价值，必定要从事一份供应小但需求大的职业。

有些职业，供应少，但需求也少，如象牙雕刻家、飞机工程师等。这些工种由于供应少，所以工资有时可以很高，但同时由于需求少，会很容易失业，而且难转行，所以投资时间在这些行业上风险极大。有些职业，供应多，需求亦多，如保安、清洁工等，一般都是出卖基本劳动力的工作，这些工作由于有庞大的人力供应，所以工资也不会高。有些工作，供应多，但需求小，如艺术工作者，由于现代社会比较现实，从事这类工作的人之平均收入总体不会太高。最后一种工作，供应小，需求大，如医生、殡仪服务等，这类行业的从业人员收入不错。所以如果你希望将来能够有较高的收入，便要留意那行业的人力供求情况，而且要注意行业的周期。

我认识不少朋友，都有超过一个的专业，如既是会计

师，又是律师，这些人才的供应有限，但需求大。但就算你拥有两个专业，最多也是拿到两份薪酬，因为公司可以分别请一个律师及一个会计师便可取代你。我认为最好为自己增值的方法，是把自己投资成一个两大经济集团沟通的唯一桥梁。两大集团没有了你便会损失重大的经济利益。如香港早期的英国混血儿买办何东便是其中一例。但我们当然要做合法的桥梁：有些非法桥梁也可赚大钱，如清朝的大贪官和珅，香港20世纪六七十年代的"五亿探长"吕乐，都因为成为权力拥有者与民众沟通的主要桥梁而赚大钱，但这些毕竟是违法活动。

成功桥梁的四个条件

很多工作及职业都是市场需求者及供应者的桥梁，如地产代理、猎头公司、婚姻介绍所、明星的经理人、外国名牌产品在本地的代理、入口商等，这些中介人的价值，视乎他是否独家代理及其代理产品或服务背后的需求。如果你是某大明星的唯一经纪人，你的收入便与该明星挂钩。但如果你代理的产品没有什么市场需求或行内不只你一个中介人，或者经济活动本身根本没有必要经过中介人，那么你的收入也不会太高。所以，要成为一座成功的桥梁，你必须：

一、知道什么经济活动有庞大的市场；

二、这个市场的供应者及买家不能直接沟通；

三、你有作为中介人的优势，如你跟供货商有个人的友谊关系，或者你相信自己有能力取得供货商的信任做其独家代理；

四、你有能力维持你的优势，隔绝买卖双方的沟通，及隔绝其他竞争者的介入。

年轻人要作为市场上或职场上的一座桥梁，便要同时取得桥梁两边的人对自己的信任，要跟这两方面的人建立良好及长远的生意伙伴，甚至个人友谊关系。在开始建立这关系时，需要投资大量的金钱、时间和精力。所以，要成为一座成功的桥梁，除了需要有市场触角及维持自身利益的决心外，也要有高超的人际关系技巧。

1.5 升职的交通灯现象

大家如果有驾驶汽车的经验，都应曾遇到以下情况：

当汽车到了红绿灯前正亮着红灯，在你前面有两条行车线，一条线排了 10 多辆车，另一条线只有两三辆车。起初以为两条线前往不同方向，后来才发现其实都是前往同一方向，这个现象怎样解释？如果把过了红绿灯比作升职的话，又对年轻人升职有什么启示呢？

如果驾驶者有完整的信息，知道两条线都前往同一方向，那么在红灯前应驶往较短的那条车龙，否则的话可能要等下一次转灯。红灯前长短车龙的现象，主要是因为驾驶者不完全肯定两条行车线是往同一方向，在这种情况下，跟大队选择那条比较长的车龙会觉得较安心，觉得错的机会比较小，就算错了也有其他人陪自己一起错，不会觉得尴尬。

转职小公司 升职机会大

这种情况就好像你在一家大公司，虽然已十分努力工作，但由于在这家大公司，很多人跟你竞争，升职的要求又特别高，又或者你的上司还有很长时间才退休，而他不退休，不管你表现如何出色，也没有位置留给你，你就好像在红绿灯前排在较长那条车龙的最后一辆车一样，你可选择继续排在这条车龙多等几次换灯，或是把车开到另外一条没有车龙的行车线，超越原有行车线的所有车，赶在他们之前过了这个红灯，不用等下一次换灯。

同样道理，如果你事业停滞不前，不妨考虑转职往另一家规模较小或较新的公司，而在那里又有较大的升职机会。虽然每一家公司都希望员工对自己公司忠心，但如果老板不给他升职机会，或加薪挽留人才，员工也有老婆子女要养，也有房子要供，他就算个人对你公司如何忠心，现实也不容许他长期忽略自己的前途发展而留在你的公司。

成功人士懂得寻垫脚石

当然，有些人有大公司情结，或不希望升职去背负更多责任，他们宁愿在大公司任职较低的职位，也不愿意在小公司当一个高级职员。正如有些香港人"有港岛情结"，宁愿住港岛的 50 平方米的小房子，也不愿住新界的 100 平方米的大房子。但如果你没有大公司情结而又希望在最短时间升到行业内最高的职级的话，那么你要想一想在你目前的公司，你的上司何时会离开他的位置，而你的对手又是否比你有更大的升职机会，以你的能力，是否有这公司以外的市场，如果有的话，不如赶快转往另一条行车线。

有些成功人士就在小的地方先爬上高位，再向更大的目标进发。例如美国前总统克林顿，如果不是先在阿肯色州这个小州参选，在没有什么对手的情况下先当上州长，哪会在 40 多岁就能当上美国总统？如果他在大州竞选州长，可能早已失败而回，没有了州长这垫脚石，他可能一辈子也当不上美国总统。

这个世界有大国，有小国；一个国家内又有大省、小省；省市内又有名牌大学和一般大学；有大公司，也有小公司。有的机构虽然规模较小，但如果你当上这小机构的领导，你的工作对口便提升了，你可在行内聚会的场合上与你的旧老板平起平坐，你也有了再往上爬的垫脚石。一个真正有能力的领袖是不会介意所属单位的大小的，只会想如何把这单位壮大。

1.6 我如何管理时间

如果你不是含着金钥匙出生，那么你最大的资产便是时间。相信大家也看过不少关于时间管理的文章及书籍。

时间的管理，小至微观的每天日程安排，大至一辈子的铺排，甚至对子孙后代的安排。一般来说，我们先把事情分成重要的和不重要的，紧迫的和不紧迫的，先做了重要及紧迫的事情，之后才做不重要及不紧迫的。这是大家都懂而又觉得合乎常理、在固定时间限制下的时间管理方法。

然而，我认为这个方法不是任何情况下都适用，要视乎你的工作性质和个人性格，而且这种处理方法没有完全考虑处理一件事情所需的时间及金钱成本。如果一单1万元大生意和一单1000元小生意，同样要花1小时去完成，那当然先处理大生意；但如果小生意只需5分钟便能成事，那么便应用那1小时去做12单小生意，回报共12000元，虽然花费相同的时间，但回报却明显较多。

先处理琐碎事情 增士气

有些大事情，如写一份学术文章、做一件艺术品，皆不可能一天完成，往往要花几个月甚至一年以上，那么难道这几个月内什么小事都不做，任由它们增加和积压？我建议大家可把事情再细分为容易处理的及不容易处理的，最后才做那些不紧迫、不重要和不易处理的事情。此外，

选对行车线 职场平步青云

由于每人处理事情的数量及能力有限（即承受事情容量），不论事情大小及重要性，一日不处理，便会继续霸占你的可承受量，最终令你不能再接收新的事情。

我每日要处理的事情很多，一般会列出一张长长的清单，先把容易处理的事情完成，一方面可尽快把清单变短，再集中精神完成剩下来的事情，不用分心去担忧其他事情；另一方面，以最短的时间完成清单上大部分的事情，心理上很有成就感，有助于提升工作效率。如果你先处理最花时间的事情，到晚上你的清单仍旧是长长的，一天的辛劳工作好像没有一丁点进展，会打击你处理余下事情的士气。

就像你在一间餐厅吃饭，坐在一张只能容纳四碟菜的小桌上，却点了八碟菜，为能尽快让第五碟菜上桌，应先把头四碟菜中能最快吃完的那碟清除。同样的道理亦曾应用于战争上。毛泽东打仗，很喜欢先集中军力打赢一些小战事，既可借此拉开两军士气的差距，又能提升大战役获胜的机会。

分阶段完成重复乏味的工作

有些事情是很苦闷及机械式的，例如老师批改学生的作业、改正自己文章的小错误，做了几小时后工作效率便大降。我建议不要一次完成这些重复乏味的工作，应分段以蚂蚁搬家式地完成，避免令自己产生厌恶感。

有些创造性的工作如写书、写剧本、作曲等，需要有灵感才可完成。有灵感时往往可一气呵成，否则，就算它是多么重要及有迫切性的，也不应搁下其他事情，空等灵感涌现。所以一般时间管理的理论，用在创作人身上并不合适。

有些人的性格比较自我，不喜欢有上司管束，不喜欢朝九晚五的工作，喜欢做什么便做什么，如果你是这样率性而为的人，而又觉得现时的做事方法行之有效，亦已带来成功的话，那么你大可维持原状，不用跟随其他人的方法管理时间。

工作及睡眠时间如何取舍

我们一天有各种各样的大小事情等着处理，有些事情对你可能很重要，但做不好对其他人并没有什么坏影响，例如对一个教授来说，文章能发表在知名的期刊是最重要的事情，但发表不了根本没有人会理会；又有些工作，看

选对行车线 职场平步青云 第一章

来不重要，但做不好对他人的影响很大，例如教学，对有些教授来说不是最重要的事情，但他是否花时间用心去教，对学生的影响却有很大的差别。又例如店铺经理，增加销售是他最重要的工作，聘请清洁工人、审批员工假期、交水费电费等工作，看来不重要，但又不可不做。这种情况尤其出现在管理人员身上，管理者每天都要去处理突发事件及各种大小事务，无论事情对你多么微不足道，一天不处理，机构可能便不能运作。

如果你有几个角色，例如你是一个专业人士，一个机构或部门的主管，也是一个在职妈妈，那么什么是重要及紧迫的事情，往往很难定义。先处理自己的事情，还是公事？你在时间管理上可能出现不知如何是好的情况。如果你无法清晰地定义自己的主要角色，便没法排出时间应用的优先次序。

时间管理的另一个重点，是如何制造更多可用的工作时间。人一天究竟可以工作多少个小时？正常人一般睡8小时，2小时吃一日三餐，1小时在洗手间，1小时在交通，假设不要任何娱乐，一天大约可以工作12小时。若想增加工作时间，便要减少睡眠时间。我自己自中学开始，直至念完博士学位，这10多年期间都睡得很少，平均每晚只有三四个小时。那个时候的目标比较单一，就是把书念好，不单是为了考试，我更花不少时间自修高一级的课程，中一在做中二的功课，中六做中七的，大学本科时就念研究院的课程，博士第一、二年上课期间已开始写论文，到博士毕业时已有文章发表。从博士到现在已超过20年，也十分满意目前的工作产量。在大学任教之后，由于日间要教学，不能再像做学生时那样通宵达旦地工作，就睡得多了一些，但平均也只有五六小时。虽说多劳多得，但我也不鼓励年轻人都效法，一来不是人人适用，有些人需要多睡才可集中精神，二来这真是十分辛苦，而且可能对身体有害。毕竟，身体健康永远是最重要的。

1.7 及早投资人生下一阶段所需要的技能

我们从小到大，经过不同的阶段，每个阶段都会有一个评审去决定你在这阶段的表现，及你可否被提升至下一阶段。例如大、中、小学每年都会有考试去评审你的成绩，及你可否升级或可否升读大学。又例如工作，你可否由现在的职位更上一层楼，多数是看你在原有职位上的表现。

为什么我们要被评审呢？除了每升一级要求你要有更高的能力外，亦是因为升了级你将会获得更多的社会资源，但由于这些资源有限，就算人人都有能力升级，也没有资源给每个人升级。那么如果你希望升级、升大学或升职，你便要去参与这个被考核的游戏。你可能比较成熟，觉得这些考核很无聊，不能反映你的聪明才智及工作能力，投资自己的宝贵时间在这些考试上十分浪费，如果你有这些想法，我要恭喜你，你有建立自己王国的梦想。

遵从哪种规则去竞争

但有这些想法的人及有勇气放弃学业及工作的人只是少数，大多数的人为了保险，都会在这社会已定下的游戏规则上去竞争，而且大家都很理性地尽量把在每阶段的时间根据这阶段的考核要求去投放。如中一学生，就把中一的课本读好，就算自己有能力读中二的课本，也不会花时间去看，以免影响中一的成绩。又例如工作，这阶段自己是个文员，只花所有时间做好文书工作，不花时间去建立管理层所需的人际网络。

分阶段把全部时间投放，以便极大化这阶段的利益，是理性的行为，而且大多数人会采用这策略。但在某些环境中，这并不是最佳的策略。

学业以外的技能

如果你的理想很远大，如要做大公司的行政总裁等职位，你会经过很多阶段，而且每个阶段所需的技能都不是一朝一夕可学好的，如语言能力、演讲技巧、人际关系网络等，这些技能在你事业初期可能用处不大，但如果不及早投资，你的事业到了某阶段便会停滞不前。

人生是场马拉松，学业成绩好，人生起步快，也不能保证是最后胜利者。学业成绩差，也不要太早自我放弃，你所花在读书以外的其他技能的投资，如运动、结交朋友、追女孩的技巧甚至打游戏的技艺等，将来在你人生某些阶段一定会给你回报。但如果你因早期成绩不好而自我标签，不努力向前的话，那么你便浪费了以往的光阴。

所以大家有空不妨静静坐下来，了解一下自己：究竟自己最大的理想是什么，理想中的这个角色需要什么技能。替自己的技能资产核数，哪一方面的技能较弱，便要及早投放多些时间。

1.8 明星经济学

不少年轻人的志愿是做大明星，希望成为万人迷、受人瞩目及有丰厚的收入。明星是个高风险、高回报及低隐私的行业，能成为本地甚至国际巨星的人很少，但回报很大。所以，在决定投身演艺事业前，要先有心理准备——事业初期的收入会很低，而最后也未必会大红大紫。要成为成功的明星，有以下的考虑：

● 认识自己的演艺资本

你的演艺资本是什么？如果你要成为电视或电影明星，你的资本是你的外表及演技；如果要成为大歌星，除了歌艺之外，还要找到优质的作曲及作词搭挡；如果你的外表一般，演技及歌艺又平平，但很能引人发笑，那么可能要另辟路线，成为一代笑星。

外表很好，但没有实质演艺功力的人，是不能长期当红的。反之，很多艺人开始时没有什么专长，但凭个人的努力，克服自己害羞及口齿不清的弱点，演技大跃进，终能成为大明星。无论你有没有天生的本钱，都要不断努力及挑战自己，才能有一辈子的演艺事业。

● 借助媒体提高知名度

如果你已有美貌、演技、歌艺，但没有知名度，也是红不起来的。宣传及广告的成本是十分昂贵的，不能单靠个人财力。现在虽然有很多新媒体，如上载你的表演到互联网上的视频或社交网站，但也要借助传统媒体才可让更多不认识你的人知道你的存在。要得到免费宣传，最好就是自荐到电视台、电影公司、电台或唱片公司，但由于知名度是跟着你走，这些公司若投放大量资源把你捧红，而你红了之后又离开公司，他的投资便血本无归。劳动力经济学把雇主对雇员的人力资本投资分成两类，第一类是特别人力资本投资 (specific human capital investment)，即公司培训你后，你的技能提升只可用于这公司，不能带去其他公司，例如公司教你如何操作一台独一无二的机器；第二类是一般人力资本投资 (general human capital investment)，这类投资能提高你在其他公司的生产力，例如英语能力的培训。前者公司会埋单，后者则不会，除非有合约指明培训后你要替公司服务一段年期，或你到外面工作也要把部分收入分给培训你的公司。所以我们见到唱片及电影公司的新人都要签很长年期的合约，而电视台一般喜欢和有潜质的演员签经理人合约，以便艺人被捧红后到外面工作，电视台也可分到佣金。

● 分散风险

明星是一门高风险行业，不少人入了行也红不起来，就算红了也是很短时间，只是一两首歌或一两部电影后便沉寂下来。怎样才可红足一辈子呢？我认为首先要做好风险管理。香港很多成功明星，如四大天王，都是歌影视三线发展，这样有互相宣传及分散风险的功效。因为一开始时你不知市场在哪里，你以为你的强项是唱歌，但原来拍电影更受欢迎。而且就算成了明星，也不能保证你每部电影或每张唱片都受欢迎。如果你只单线发展，若连续两套作品都滞销，你的演艺事业便完结。而且只靠单线发展，随着你的影迷或歌迷年纪大了，你便会因失去原来的市场而被淘汰。

● 如何定义成功

演艺行业是商品也是艺术，一个明星商业上的成就可看其票房、收视率或唱片销量，但专业上的成就便要看他有没有拿到影帝、视帝或各颁奖礼上的奖项等。两者不一定有很强的关系，有些明星拍了很多商业性质的影片，收入很高，但拿不到影帝；有些拍了艺术片而拿了影帝，但因身价大涨而无人问津；也有些是名利双收的。在入行前，你要先了解自己真正想要些什么，你又如何定义成功。

● 社会贡献

想当明星的年轻人可能只想到做明星可赚钱、成名、穿漂亮的衣服，又可被前呼后拥。但作为很多人的偶像，明星会被模仿，大众对明星亦有一定的期望及道德要求，所以当你成为大明星后，不但没有了隐私，言行也要十分小心。而且由于在社会有一定影响力，也要有一定的社会承担及对社会作出相当的贡献。

1.9 内地学生如何在香港社会找工作

越来越多内地学生考入香港的大学本科及研究院。我在大学任教多年，见证本港大学如何从一个内地生也没有，变成现在内地生数目日渐增加，在某些研究院科目如工程科，内地生更是占大多数。最早一批来港的内地本科生人数不多，而且都是考取奖学金来港，那时的内地生都是国内的精英，家庭背景及来头也不小。相比之下，如今的内地生自费的占不少。再者，由于有些本地大学已参加了内地的大学联招，内地学生多了选择，报读及录取的人数自然增多了，虽然当中亦有国家及省市级状元，但整体质素已不同。

谦卑待人 融入港式生活

近年，有不少内地生来港后学业上出现问题，主要原因不是能力的问题，而是不习惯香港的生活节奏，也不习惯独立生活，渐渐变得无心向学。但平均来说，内地生的成绩、学习及敬师态度比香港学生好一些。内地生虽然成绩好，但毕业后在香港找工作没有明显的优势，不少最后只得回内地工作。我自己有不少内地来的学生，大部分都希望留港工作，有些成功，有些不成功。归纳在大学的十多年的观察，我有以下建议给希望在香港找工作的内地生：

● 学好广东话

很多本地大学的内地生成绩十分好，但不肯花时间学好广东话，尤其是男生。其实内地生如果希望在香港找到工作，学好广东话比学业成绩重要得多。香港大部分公司是中小企业，雇主宁愿放弃一个成绩好的见工者，也不愿冒险请一个广东话不太好、不能和客人沟通，甚至连接听电话也有问题的初级雇员。大家或许会问，香港也有不少不懂广东话的内地及外国人在工作，不错，但他们大部分是机构的中高层，在行业内累积了不少工作经验，在公司有权力，亦有下属帮助他们解决工作上广东话的问题。但一个刚毕业的内地生，既没有工作经验，也不懂广东话，雇主又怎会放心把简单任务交给你？因此，如果有心留在香港找工作，应先学好广东话。其实学广东话最好的方法，就是看香港的电视节目，一来可学广东话，二来可舒缓平日读书的压力。

● 找个好的咨询人

雇主在聘请员工时都很重视员工咨询人的推荐信，我经常被邀为毕业班的内地生做咨询人，当中有些学生我从来未教过，有些则几年都没和我联络。其实在大学时，应该多找老师征询学业及生活上的意见，跟老师打好关系，那么在毕业时要求写推荐信时，老师会比较用心写，否则如果拿得一份平平无奇的推荐信，比没有推荐信的效果更差。有些内地生可能由于文化差异，会预先写好推荐信让老师签名确认，我也遇到过几个这样的学生。遇到这样的学生，一般我都会跟他们说这其实是对老师十分不尊重的行为。

老师给你写推荐信，不是例行公事，而是要押上自己的名声，所以要么不给你写，给你写必会自己动笔。大部分的内地生会找自己考到优异成绩的那科老师写推荐信，这也是正常的做法，但务必要谦虚地亲身去找老师倾谈，切忌只通过电话或电邮要求老师写推荐信，我自己就不会给没有亲身来见我的同学写推荐信。有的同学也太直接，在电邮里写着他在我教的科目中拿到最优秀的成绩，以为我必定会给他写一封最好的推荐信，本来老师应会写得很好，但见了那句话后，感到好像被学生命令似的，便会实时拒绝学生的要求。内地生要在香港找工作，找咨询人时千万不要犯以上的错误，尤其是成绩好的同学，很多时候低估了推荐信的影响力。除此，老师愿意帮你写推荐信并不代表他愿意推荐你。我自己曾见过有老师在推荐信内明确表示不愿推荐该学生。如果雇主看到老师不愿推荐你，必认为你某些方面，甚至人格有严重问题，就算你成绩再好，也不会冒险聘请你。如果你犯了以上的错误，或太迟才找咨询人，你所得的推荐信可能不会太好，甚至影响在香港找工作的机会。

● 适合的工作单位

本地生可找本港政府公务员的工作，内地生则没有这个选择；本地生亦可找中小企的工作，而由于很多中小企都怕麻烦，不愿替内地生办工作签证的文件，所以内地生剩下的选择就只有私人大机构。但私人大机构的工作竞争大，职位少，不能吸纳所有在港的内地生。所以内地生会觉得在香港找工作一点也不容易。我建议内地生可先找本港的中资机构，一来中资机构不会排挤内地生，二来本地生一般不会以中资机构作为首选，这可提高自己找到工作的机会。先找一份自己成功被雇用机会大的工作做几年，待拿到香港永久居民身份及广东话有进步后，便可找政府公务员及其他工作，甚至自己创业。

● 融入香港文化及价值观

内地生要在香港落地生根，安居乐业，必须认识及认同本地人的文化及价值观。首先，香港是一个十分廉洁的社会，而且相对民主，很多时候都是委员会的集体决定，就算机构高层都不可能一个人说了算。我不时收到内地一些我从未见过面的学生及在职人士的邮件，希望我能取录他们成为本地大学的学生或教员，这些靠人事关系找就读机会或工作的习惯，在内地或许行得通，在香港则不太可行。部分内地人流行送礼，但香港人，尤其是公职人员，见到礼物就很害怕，随时会被人告上廉政公署，所以靠送礼方便行事在香港也不太可行。

内地生比较注重个人能力，但在香港工作，很多工作都注重团队精神。内地生亦可在衣着上本地化，内地年轻人都穿得比较斯文，男生喜欢穿西裤，女生则喜欢颜色较鲜艳的裙子；相反，香港本地男女生平时都喜爱穿牛仔裤及较简单的衣着，香港女生更会花心思在护肤及化妆品上。我认识的内地生都很想融入香港的生活，很希望跟本地同龄人建立友谊，他们也不认同个别内地人士对香港的激进言论，但要完全认识及认同本地文化及价值观，需要长时间的观察及思想调节，而最快融入本地生活的方法，莫过于找个本地异性朋友谈恋爱或结婚，但这目前还未成为主流。

第二章

全方位部署　建立安乐窝

2.1 我的置业经验

很多年轻人视置业为目标，但面对高房价，如何有效实践置业计划？我可以分享一下我的置业经验，让年轻人借鉴，并做好准备，切勿轻率做出置业决定。很多人以为大学教授收入高且稳定，工作时间自由，而且每星期只教几小时书，还有自己的办公室，工作一定十分休闲。但我很肯定我们的工作时间和工作压力，跟一般劳动者无异。我认识不少同事，十年如一日，像读研究生时一样，每星期工作七天，每天 12 小时以上。我们的工作包括教学、研究、行政、社会服务，样样都要做好，才可通过每年的考核。

大学教授的劳动力市场跟一般职员的不同之处是，由于欧美名校的博士学位和国际知名期刊的发表是全球承认的，所以我们的市场比较国际性。港人大学教授愈来愈少，现在除了医科外，很多院系的主要教职员都是来自留学外国的内地学者。该现象主要因为中国 1978 年改革开放后，90 年代出国留学的人数大增，造成现在有过多的中国学者供应。我和同事们平时一起吃午饭，沟通的主要语言是普通话。

房屋津贴影响置业意欲

香港房价高、租金贵，为了吸引最好的学者来港任教，一般来说，助理教授级或以上的都会有房屋津贴，相当于政府的高级公务员的待遇。大学的宿舍一般很大，有些有近 200 平方米的实用面积，由于供应有限，以往这些宿舍都是留给较高级的教授，资历较浅的可选择拿房屋津贴租楼。1997 年前经济好的时候，该津贴可达工资的 40%。1997 年至 2003 年，政府出现财赤，加上大学教育普及化，大学教授的人数大幅上升，房屋津贴占工资的比例减至 30% 以下，而且只有 10 年年期，但是津贴可用来买房，为大学附近的楼市提供了很大的支持。

很多同事都觉得 10 年期限太短，主要原因是入职首 6 年是合约制，没有在顶尖国际期刊发表论文的便不可续约。由于没有工作保障，首 6 年一般不敢买房，尤其是非本地人的教员，就算 6 年后获终身聘用，房津也只剩下 4 年。以现在新界区 100 平方米的一套房至少 500 万元计，就算拿足 10 年津贴也不可能 10 年内把房贷还完，更何况只有 4 年。虽然教授们现在的住屋待遇不及从前，但和很多打工者相比，我们还算是比较幸运的一群。

买房前先考虑五个要点

10 多年前我也像其他的年轻人一样，在楼市狂升下担心买不起房，所以我想在这里和大家分享一下自己置业的经验。我 1995 年在美国取得博士学位回港中大任教，那年房价正在上升，到 1997 年已到了疯狂的水平，我那时候的心态就像时下年轻人一样，十分焦急，也庆幸真的没有在最高位时入市，避过楼市下跌及亚洲金融风暴。到

1999 年买第一套房产，房价 300 万，那时也是只付 15% 首付款，15% 是向开发商借贷，两年后清还；3 年后买第二套房子，房价 600 万，那时也只是用两张信用卡付了 30 万首付款，换了不少积分及礼品。这次也向开发商借贷，也是两年付清。在还房贷期间，也跟一般业主一样，省吃俭用，中途不断清还部分贷款，8 年后还清所有房贷。

总结这两次买房经验，我有以下建议给年轻人：

一、不要心急入市，房市必定有周期；

二、没有稳定的收入，千万不要在高位贸然入市。年轻人可等 30 岁后事业稳定才入市；

三、如果收入稳定，不一定需要等到有钱付首付才入市。如果价钱合理，可向开发商借贷或向按揭证券公司贷款，但必须保证自己有能力在两年内把贷款还清；

四、可以定额还款，这样利率的变化可用还款年期去吸收，减少利息波动对日常生活的影响；

五、可以每两星期还款代替每月还款，有额外收入时可用作部分还款，以最短的时间还清房贷。

2.2 如何获得楼市全面信息

房价由供求因素及信息决定，而年轻人所得有关楼市的信息，主要来自地产代理网站、报纸杂志及电视。由于信息来源太多，市民不可能获得所有楼市的信息报道，所以市民选择从什么途径获得楼市的信息，足以影响买房的意欲。

近年不少年轻记者访问我有关楼市的看法，由于基本因素，如低息环境，供应不足，及来自境外人士的强大购买力等利好楼市，所以我去年对楼市的评论都是比较正面的。但从记者朋友们交谈中，我发觉他们不希望楼市再升。这也不难理解，前线采访记者一般比较年轻，尚未置业，楼市升会令他们买房更难，所以每当我对楼市的评论比较正面时，记者朋友都显得有些失望。记者们一般都有相熟专家作定期采访有关楼市的看法，不同被访者，或同一被访者在不同时间对楼市也有不同看法，所以对楼市不同的意见便见于不同媒体。虽然媒体之间的竞争有助于市民得到楼市更全面的信息，但也可能令市民无所适从。

密切留意统计数据

买房是很多人一生的最大投资，市民的买房意欲会受到自己如何选择信息的影响。市民在决定买房时，也要留意自己所获信息的局限性，避免单单依靠传媒的数据来进行分析。我建议市民除了从媒体获取信息外，也可留意政府及市场上的统计数据，如利率、货币供应、人民币存款的增长、楼市的供应及存货，结婚和出生率等数字，自己对楼市作合理的评估。以往有些关于经济周期的研究发现，某些字眼，如"recession"在传媒出现的次数，可预测经济衰退。所以大家如果希望估计楼市什么时候调整，可上网搜寻一些关键词，如楼市调整，看看这些词近期的搜寻量有没有大增。但这个做法的一个弊端是，如果很多人因为看了这篇文章而去搜寻，也会令这些词的搜寻量突然增加。

亲身看房　搜集一手咨询

除了外来的信息，我建议年轻人平时有空亲自到单位现场看房及留意周边环境，单位的坐向、用料、交通、空气质量，附近有没有斜坡或新地盘，住客所从事的行业及年龄组别等。对每个楼盘有一手信息后，将来有钱或楼市调整时，可快人一步买到自己心仪的住房。

有些年轻人或认为自己根本买不起房，就算有正确的楼市信息也没有用。笔者认为香港有房价过高的问题，但是没有居住问题。我和很多年轻人交谈，他们都说房价太高买不起，我问他们会不会考虑偏远一些的选择，他们大都不愿意，主要不是没有首付款，而是时间和交通成本的考虑，有小朋友的家长也要考虑校网问题。笔者建议80后考虑偏远一些的地方，其实是个中性的提示，偏远的地方，将来如有基建落成，房价也有升值的空间，比如，香港20世纪80年代的沙田便是一个好例子，而且偏远地区现在也是有人住的，他们不少也是要去中环上班的，太过否定偏远地区的居住价值在某种程度上也否定了现在住在这些地方的居民的居住选择。香港其实是一个很小的城市，所谓偏远也不会远到哪里去。如果花多一些时间去分析虽然偏远但有升值潜力的地区的信息，除了可解决居住问题外，房价也有升值的空间。

2.3 现在楼市与 1997 年不同之处

很多人问我楼市现在有没有泡沫，我认为香港现在的房价用我们香港人的角度去看的确很贵，甚至比 1997 年还贵。在 1997 年，市区房如果叫 1 万元一平方米，我们已经觉得很贵，1997 年的楼市高峰只是昙花一现，但现在 1 万元一平方米的市区房价已深入民心，不会叫市民吃惊。

国际货币基金会（IMF）发表了一份研究报告，"Are house prices rising too fast in Hong Kong SAR ？"（IMF working paper 10/273），探讨香港楼市有没有泡沫。IMF 是国际组织，很少以香港做报告题目，而且报告的两个作者（Ashvin Ahuja 和 Nathan Porter）都不是香港人，也不是华人，不存在作者选题偏好，这意味着香港房价高起已引起了国际的关注，成了国际议题。

这报告的结论是香港楼市没有偏离长期均衡，所以不存在泡沫。这结论与一般香港人所感受的不同，为了解他们如何得到这结论，我看了他们的文章。文章对均衡的定义是，在完全信息、信贷市场完全运作下，买房成本和租房成本在均衡时应该一样，市民对买房或租房应没有任何偏爱。这里说的买房成本，除了利息外，还有相关的税项，维修保养、楼宇的折旧、对楼宇升值的合理期望和风险溢价等。把这些因素都考虑了，以目前租金的数据，可以推算出楼市在均衡时的指针价格。报告的结论是，目前香港楼市的成交价还是低于这指针价格，所以不存在泡沫。

我认为这份报告在方法上大致没有什么问题，但某些假设及参数，可能不适合香港的情况。首先，合理升值期望和折旧的参数是假设性的，这些参数的变动对结论有多大影响呢？就算不大，第二个问题是，这项研究先假设租金是合理的，再推出合理的房价。租金不可能完全独立于房价，它和房价是互动的。房价不合理地高，市民还可以选择不买。租金不合理地高，市民还有其他可行的选择吗？

第三点要提的是，由于这份研究只看买房和租房的相对成本，不看绝对价值，即使是在经济低迷的情况下，如1997 年、1998 年亚洲金融风暴及 2003 年 SARS 期间，只要租房成本低于买房成本，报告也有可能得到楼市有泡沫的结论。第四点是，买房和租房，不像买卖盈富基金和期指般可完全替代。根据报告的结论，只要租房的市民走去

全方位部署 建立安乐窝

第二章

买房，房价便很快达到均衡。但香港的房价高，市民何来买房的首期？外来的投资者也不可能完全取代本地买家。学术文章有其局限性，大家阅读时，不要只看文章的结论，也要留意当中的假设是否合理。

我个人认为楼市泡沫的"必需条件"是一般市民觉得房价很贵，收入远追不上，这条件现在已成立，但泡沫要爆破才可定义为泡沫，我认为香港楼市泡沫的"充分条件"是所有楼市参与者，包括国际及内地买家都觉得买香港房吃力，楼市泡沫才会爆破。我从以下几个客观角度去比较现在和1997年时的楼市：

● 现时息口低企，较1997年时有约7厘的息差。在1997年如果做2年按揭，以9厘息，息随本减计，利息成本已高于房价。那时买500万的楼的总成本是1000万，现在以2厘息计，假设利率不变的话，20年的利息成本少于房价之三成，买500万的房的总成本约650万。市民的工资在这10多年来可能没有什么增长，但香港经济是有增长的，资金不一定在打工者手里，小部分人有大量的资金同样也可支持楼市。

● 1997年时中港两地的经济交流不像现在频密。当时香港的人民币存款少于50亿元，现在已超越5000亿元，并且以每年超越500亿元的速度增长，如这500亿元全部投入楼市，以新房平均500万元计，已可吸纳每年1万个一手房的供应。

● 1997年时金融风暴再加上八万五的政策，内外因素加在一起，泡沫才爆破。不错，八万五会令香港楼市下跌，但它不会令其他大城市如新加坡等下跌，如果没有金融风暴，其他城市的房依然高涨的话，即使香港楼市因八万五政策而下跌三成，很快便会被其他地方的投资者吸纳而反弹。现在的楼市面对区内再爆发金融危机的机会不大，单靠政府政策，即使楼市大泻三成，也很可能会因房价较区内其他城市有折让而大幅反弹。

综合这些因素，我估计现在的房价与1997年时楼市爆破点还有一段距离。而最有机会令楼市爆破的因素是美国加息。

2.4 婚后租房、买房，还是继续与父母同住

现代家庭，多以核心家庭为主，一般情侣婚后都不与

父母同住。在高房价的环境下，买房已不是一般希望结婚的情侣可以负担。剩下来只有两个选择，一是租房住，二是与男方的父母同住。

婆媳纠纷　一触即发

租房对很多人来说也是很吃力的，那么婚后应否还与父母同住呢？有些父母希望儿子婚后仍和自己同住，一来可继续照顾儿子的起居饮食，二来也可帮忙照顾孙子孙女。有些夫妇则希望节省租金，所以婚后仍与父母同住。但我认为婚后仍和父母居住，弊大于利：

男士们首先要知道结婚与谈恋爱不同。男士婚后就是一家之主，如果仍与父母同住，那么谁才是一家之主呢？就算租个小房子，也算真正拥有自己的家。有些父母明白事理，不会与婚后的子女同住，让儿子成为真正的一家之主，不再依靠父母。

要知道婆媳乃是天敌。婆媳都在争她们在你心中的地位，把两个最爱自己的女人放在一起，是灾难性的，就算两个女人表面都很大方，但是相见好，同住难，日常的小摩擦，久而久之就形成心病。你希望双方都开心，但你偏帮一方，另外一方便不高兴，你又不能不表态，你把自己放在一个经济学家也解决不了的难题中，令三方面都不快乐，得不偿失。所以如果你的女友和你的母亲现在关系很好，就算你多孝顺，也千万不要令她们住在一起，破坏大家原有的关系。经济学不是凡事省钱或把金钱利益极大化，为节省租金而弄到家无宁日，十分不划算。正确做法不是去想如何省钱把两个家庭放在一间屋，而是如何赚钱令最爱自己的这两个女人都可住得安乐。

虽然不同住，但由于婚后也要经常来往，如每星期上父母家吃一次饭，所以也不宜住得离父母家太远，以减少这项经常性的交通费。有些旧区中的新楼盘，有市有价，就是这些地区的新一代虽不与父母同住，但也不会离开太远，方便照应及减少交通开支。

租房买房　先考虑住房成本

婚后不与父母同住，那么买房好还是租房好？买房是很多人的梦想，但也有不少人在不缺首付款的情况下，也选择租房。有些朋友可能喜欢新鲜感而定期搬家，也有某些行业的从业人员的收入不固定，得不到银行按揭，所以要租房住。我自己也有租房及自置物业的经验，我的工作时间十分长，又经常到外地公干，周末也多外出，在家的时间不多，觉得租房不划算，所以个人喜欢买房。

我认为大家在决定买房或租房时，除了经济因素外，也要考虑非经济的因素。经济的因素主要是比较租金和还房贷的成本，以及物业的业权。一般来说，买房一定比长租二三十年划算，因为二三十年后一般已还完贷款，以后的日子不用还房贷，也不用交租。我自己的考虑不是简单地比较每月的贷款和租金，因为长租的话不管租金多低、房价多高，终有一天你所交的金额会超过房价以及还房贷的利息总和。30年也好，50年也好，长租后还是一无所有。

至于房价的升跌，大家可看看过去每30年房价就起码有10倍的升值。所以，在长期租房和买房的比较中，楼市短期波动的影响不大。当然，如果你可以用贷款买房的钱去做其他更高回报的投资，也可选择租房。

金钱以外的考虑因素

除了经济因素外，我认为有两大其他因素大家亦要考虑。楼宇跟其他商品不同，它的寿命可能比你长，它跟你的家庭一起成长，你的子女可能一出世就在这间屋长大，可能跟邻家的小孩成为好友，这个地方不但是你的住处，也是你的家园，有很多美好回忆。如果是租房的话，业主一收楼，便会把这些回忆及邻里关系带走，这些损失很难以金钱去衡量。一些租用车位的车主，可能也有过租约到期但找不到新车位，而要把车卖掉的经历。所以，租住他人地方，自己的生活会受制于业主的决定。

此外，对于住房要求高的朋友，如果房子不是自己的，想把它根据自己的喜好来装修也不行，居住的乐趣会大打折扣。

2.5 家里应否饲养宠物

现在很多年轻人选择不结婚，即使结婚也不生孩子，以免失去自由及令自己的生活质量下降。有些年轻人则选择饲养宠物代替生孩子，以宠物陪伴自己。但香港一般家庭地方狭小，而且很多大厦都不准饲养大型宠物，所以很多年轻人只好饲养龟鸟虫鱼等一般屋苑不会禁养、不会影响其他人的小动物，但猫狗等较大型的动物，由于活动范围大，而且会发出叫声，影响其他住客，很多小区的物业管理规定都写明不准养猫养狗。所以喜欢养猫狗的人士，只好搬到村屋或可饲养狗只的屋苑。

宠物长大需搬大房子

不要以为有了孩子，或孩子长大才有小房子搬大房子的需要，很多人因为宠物多了或长大了，也不惜成本地找多些地方给宠物住。我很多年前开始养鱼，起初只养热带鱼和金鱼，一个小鱼缸便足够，但后来买了一些小锦鲤，换了个 1.2 米长的鱼缸，以为这已足够。谁知鱼长大得很快，很快就有很多条已有 30 厘米长，在鱼缸已不能转身，我又不想放弃亲手养大的鱼，结果在室外打造了一个鱼池。

我认为所有动物的价值在于其生命本身，不在于它们是否名贵。我自己不会花很多钱去买宠物，家里的猫是在街上捡回来的，狗则是在爱护动物协会收养的。

养宠物降低房产价值

年轻人如有意养狗，应先看看小区的物业管理规定是否容许饲养。比如在香港，如果不清楚那个小区是否可以养狗，可在网上找到全港可养狗的屋苑手册。但即使小区可以养狗，如果你是租客，业主知你养狗可能不会租房子给你。一般业主不喜欢租客养动物，主要因为怕它们会弄污地板和令房子有气味，降低单位未来的价值。

《时代》（*Time*）杂志 2010 年有篇网上文章 "What Do Pets Do to the Resale Value of Your Home？" 文中提到在美国波士顿，有猫的房产在转售时会跌价大约 2 万至 3 万美元。而在经济学的文献里，如 Cannaday (1994) "Condominium Covenants：Cats, Yes；Dogs, No," *Journal of Urban Economics* 一文中，作者们认为狗对房产价值的负面影响较大。由于猫狗对房产会造成损耗，也有其他美国的相关研究发现，业主列明可养宠物的房产租金会较贵。

香港可养狗的小区一般有明文规定：如果有两个以上的住客投诉，便不可再饲养。要减少爱犬的吠声对其他住客的打扰，我建议不要定时放狗。很多养狗的人都会定时放狗，狗是很机械式的动物，生理时钟特别敏锐，如果你定时喂它们及放它们，它们会视定时吃饭和定时下楼玩耍为工作及责任，到时便会吠你，即使你在睡觉它们也会吠个不停。所以不少教人养狗的书都建议不要定时遛狗，免得狗到时吠叫，影响其他住客。

很多年轻人买宠物，都是图一时之快，尤其是有猫狗的电影上映时，购买那一刻觉得小狗很可爱，没有仔细想过自己有没有时间照顾它们，小狗长大后家里有没有足够空间，以及以后搬家的选择可能会受到限制等问题。当电影的热潮过去后，便有大批名种猫狗遭遗弃街头。养宠物如养子女，要有爱心和承担，我认为年轻人养宠物前要三思，千万不要一时冲动。

2.6 如何资助年轻人置业

政府资助年轻人置业是一项非常具争议性的议题，反对者的论据亦很强，主要的反对理由有以下几项：

一、一些市民很辛苦自己存钱买房，不受政府资助，如政府资助其他人，对他们不公平。

二、政府不应强迫没有能力置业的年轻人买房，万一楼市下跌，政府会受千夫所指。

三、不是人人需要买房，没有能力的人可以租房或买偏远地区的房子，或去其他城市工作。

我自己亦有已还完贷款的房产，如果站在业主立场，当然不希望房价下跌，但我觉得我们这一代人，不少也因为受了政府在房屋、教育上的资助，才可安居乐业，不能自己买了房就置下一代于不理。

政府责无旁贷

我基于以下的大前提下建议香港政府应资助年轻人置业：

● 香港要建立国际金融中心地位，房价长远易升难跌，超出年轻人的负担能力。

● 年轻人有了自己的物业，会安居乐业，对香港有归属感。

● 土地资源属于全港人拥有，政府代为管理，地价如因外来因素推高，所得的收益应回馈市民以补偿增加了的房屋开支。

我建议把每年卖地所得收入的 20%，注入每名 25 岁以下的香港永久居民的房屋资助账户。在香港出生的婴儿，如果由出生到 25 岁，以每年 100 亿注入 100 万账户计，每人每年可有 1 万元，25 年 25 万元，两夫妇共有 50 万元，如计入投资回报及通胀，这应可作为年轻人买房的首付款。这笔钱不必经年轻人之手，可直接由政府支付开发商或代缴公屋或私人楼宇租金。如果年轻人不用来置业，该账户可与强积金账户合并，作为退休金之用。这个资助计划就像九年免费教育及"生果金"（高龄津贴）一样，年轻人不论贫富，皆可获得在香港安居的权利。这是一个长远计划，为年轻人而设想，而亦可长远移除政府在资助房屋问题上的政治包袱。

资助置业的技术问题

然而，我可想象到一些技术及其他相关问题：

● 如何替市民开账户？政府不用透过银行支付，只要用市民的出生登记号码或永久居民身份证号码作为房屋资助户口账户，每年从卖地部分收入过户。这只是一些会计安排。

● 如何提取资助？年轻人可在 25 岁生日之后，首次置业时向政府申请置业券，政府把置业券像学券（学前教育学费资助）一样支付给已有账户的合资格永久居民。开发商或二手业主拿了置业券向政府支取银行本票。

● 如年轻人在支取资助前身亡，这会是其遗产吗？我不建议把它当作遗产，因为置业券的原意是资助置业，身故便没有这个需要，正如学券或生果金一样。

● 年轻人一下子便有几十万，会乱花钱或无心工作吗？我不排除有个别年轻人会出现以上情况，但我认识的新界原居民，有了丁屋（香港新界原居民的男性后人获准在私人土地兴建的房屋）还是很用心工作。而且年轻人要把置业券变成现金，要经过复杂的房屋买卖程序，成本可能跟置业的金额所差无几。

● 置业券会否吸引大量内地人来港产子？这是有可能的，但由于置业券是由卖地两成所得入账，增加合资格人士只会减少每人所得，不会增加政府财政负担。

● 计划在哪个年岁开始？这计划是给我们下一代，可追溯至 18 岁以下的年轻人。

● 一定要用来买房吗？不一定，用来租住公营或私营房屋也可以，在这计划下，公屋租金可相对提高，以防双重资助。

● 已有丁屋权的新界原居民是否还需要资助？笔者认为既是全民资助，只要是永久居民便可。

第三章

解构婚姻成本及风险

3.1 结识伴侣的时间成本及风险管理

很多男孩子在读书或初出来社会做事时，由于生活圈子小，目标女友都是同龄的同班同学或女同事。但年轻的女孩，一般又比同龄的男孩子思想上早熟，这时的男孩子，会尽量向女孩子展示自己的读书能力、学业成绩或将来的抱负。其实这些东西，对于思想早熟的女孩子，一点吸引力都没有。因为这些女孩子可能已经拥有谈恋爱经验，男友比自己大五六年，甚至 10 年以上，她们会把你和已经事业有成的成熟男性比较，相比之下你便相对显得孩子气。

弃同龄女子 降低寻找成本

如果你喜欢的是同龄的女孩子，你所面对的对手不是成绩比自己差的男同学，或赚钱跟你差不多的男同事，而是比你年长、经济上更有实力、追女孩技巧比你更高的男士。由于有一部分的女性会选择比自己大几岁的男性结婚，所以在同龄男女的婚姻市场，便有不少男性找不到伴侣。这些男士，便会在较年轻的婚姻市场找对象，跟那个市场的年轻男性和较年长但也喜欢年轻女孩的男士竞争。这个情形每代人都出现，所以我们一直以来都观察到男女的平均结婚年龄一般都有两三年的差距，原因是男性的经济实力随时间流逝而增长，而女性的外表吸引力及可生育年期则随时间流逝而减少，而两者都是吸引异性的主要因素，这种经济现实考虑，战胜了同龄共同社交圈子的优势。

因此如果你要降低寻找伴侣的成本，我建议你不要找同龄的女孩子，也不要找住所离自己的家太远的女孩子，因为每次约会后要送她回家的成本太高，以及不要找用钱没有节制的女孩子。

建立感情的机会成本

不要等待事业有成后，才慢慢找结婚对象。男女双方如要感情稳定，必须要有很多共同经历，如曾经一起同甘共苦，这样在对方心中的位置才不容易被其他人取代。但同甘共苦的经历，是不可用金钱买回来的，必须投入大量的时间。

你应在你人生早期，时间价值比较低的时候，投资时间寻找合适的结婚对象，为建立家庭做好准备。否则，当你将来工作愈来愈忙，时间愈来愈宝贵时，投资于建立感情基础的机会成本便会很高，或当高至一个临界点后，你便会选择单身。

这些情况在我的不少学生身上都有发生。有些学生年轻时没有谈恋爱，有些专心于读书，有些则希望将来事业有成才谈恋爱，但真的到了他们事业有成，在投资银行当上高薪一族，却仍迟迟未结婚。我问他们为何仍未结婚，他们回答说自己也想好好找个女孩子结婚，无奈工作真的太忙，真的负担不起投放太多时间跟女孩子建立感情基础，以致至今还未找到互相了解对方的伴侣结婚。

如果你把建立稳定家庭看成是人生的一项重要投资的话，不要只顾赚钱，因为金钱不能买知心伴侣，不能买幸福家庭，这些都要用自己大量的时间去"买"。投资在寻找结婚对象与投资在自己事业或其他资产上分别很大，前者除了在时间上需大量投入外，感情资产更是不可转让，相反，其他资产却可以。你投资在一门生意或一只股票上，资产升值，或你不想再继续投资时，大可以把这生意或股票卖掉。然而，投资在感情上，当大家分手时，却不可把女友卖给他人，以往投资在伴侣及其家人身上的时间和金钱更是血本无归。

如果你把谈恋爱当成消费活动，那它比任何消费都贵，因为你买名表可升值赚钱，谈恋爱则不可以。唯一的好处是谈恋爱可提高你与异性的相处技巧。所以大家在找伴侣结婚时，先问问自己以下三个问题：一、自己是不是真的需要结婚？还是因为外来的压力？结婚后如果有什么问题出现，最后受害的都是自己，千万不要因其他人的压力而去结婚。二、如果你决心选择结婚这条人生道路，愿意投放三至五年建立感情基础，而你心中又有对象的话，什么时候是低时间成本的谈恋爱时机？三、你有没有做好感情风险管理？例如结交多些朋友，培养一些个人兴趣，减少当失去伴侣时对你人生的影响。

3.2 金钱与气质

男女之间互相吸引的元素，除了经济能力及外貌外，还有对方的气质。女孩子比男孩子更注重自己及伴侣的气质。气质是一个很含糊的概念，有人认为那是代表超凡脱俗、不食人间烟火的感觉，有人认为是高傲冷酷的同义词，亦有人认为是有内涵修养的代名词。虽然众说纷纭，但总括来说，这是一种对人某些出众的内在美的赞美及欣赏。所以从来只有称赞一个艺术家有气质，却未听过有人称赞每天都在计算金钱、物价的经济学家有气质。气质是不可以用钱买回来的，也不是一天就可以培养出来的。有些人天生丽质，但也有些人从没有气质慢慢成为一个有气质的人。

培养独一无二的气质

一个人要有气质，是要经过长时间在仪表、行为、品味及学识上的培养，但也不是人人都可培养出气质来。英国人在培养一个人的气质上，拥有比较有系统的教育及统一标准，他们有绅士、淑女的概念及行为守则。但英国人的绅士淑女，和中国人认为有气质的人，又不完全一样。英国人的绅士淑女，比较着重仪表及行为。我们脑海中对绅士的印象是西装革履、戴绅士帽、拿着手杖，又或替女士们开车门或拉椅，都称之为有绅士风度；而淑女则是穿英式收腰阔裙，撑着洋伞而又仪态万千的女士，有个统一的形象、统一的行为守则，而且偏向属于上流社会的产物。中国人所认为的气质，则没有明确的定义及社会地位的意识。

由于气质是脱俗的，而且有些反金钱主义，所以气质不是上流社会人士的专利品。简单来说，气质把一个人变成一件艺术品，可供自己及他人欣赏。艺术品都是独一无二的，而培养气质可使自己与别人不同。

维持气质需要保养成本

作为一个经济学家，我也会把增加个人气质当作一种人生投资，虽然这可能是没有气质的想法，但我坚信没有人会不计成本回报去投资在自己的气质上。究竟应花多少时间去提高自己的气质？首先要看你有没有这种需要。如果有，提高气质的目的是什么呢？是自我欣赏，给大众欣赏，还是想用来吸引异性？气质是要维修保养的，所谓三日不读书，便觉言语无味。而维持气质亦要不少成本。如果气质是用来吸引异性，最好的策略是一和理想的对象结婚后便停止投资，所以我们也不难发现，现实中有些结了婚的女士所拥有的气质比结婚前减少。

究竟男女各自的气质是什么呢？我个人认为一个有气质的男士应该有渊博的学识，但不要盲目相信书本，要有主见、自信、对人性有深入的认识，有幽默感、能力，可令他人快乐及可使和他一起的女性有安全感和自豪感；而一个有气质的女士应该一出场便可吸引他人的注意、举手投足优雅如舞步、有爱心及有令男士念念不忘的魅力。

我们日常为生活奔波，能养活自己已十分不容易，根本没有时间去想自己有没有气质。其实人生贵乎自然及自由，只要自己活得开心，活出自我，根本不应该介意别人怎样看自己。如果为了增加自己的气质，每天都辛苦地留意自己的谈吐、仪态，那反而违反人性，自找苦吃。

3.3 伴侣是个大花筒怎么办

如果你已很省吃俭用,但你的另一半却是个大花筒(花钱如流水),消费力惊人,光是谈恋爱开支已花去了你的所有工资,没有余钱储蓄和投资,那怎么办?如果双方谈恋爱的开支大部分为其中一方支付(通常是男方),而女方又未拿定主意跟男方结婚的话,由于不是用者自付,女方没有任何诱因会为男方省钱。只要有决心,要解决这个问题其实不难。

男女双方可订立协议,固定每月或每年的谈恋爱开支,如每年5万元以下,包括逛街、看电影、吃饭、买衣服、交通等日常开支,以及旅行、节假日及生日的开支。

女孩子最看重的可能是每年生日收的大礼物,例如首饰、包、衣物,当每年谈恋爱开支固定了后,若日常在其他方面消费增多,如在酒店吃饭、乘搭出租车(的士)、季度大购物,那意味着分配到生日礼物(如钻饰)的金额便相应减少,她自然会在日常开支上为你节省,以期望收到贵重的生日礼物,而你的风险亦固定在5万元以下。当然这个做法能否成功是基于大家都是明事理及有共同目标，如结婚买房。

有时候大花筒的反而是男方，女方则要为男方存钱。男孩子一般日常生活没有什么要求及开销，很少男孩子一定要吃好穿好，但如果一个男孩子对一些东西有兴趣及偏好，如汽车、摄影、计算机产品、音响或模型等，会是很花钱的。如何减少男孩子在这方面的开支？要男性放弃多年的喜好是很难的，而且这些喜好不是纯消费，而是有实用的知识，起码比吸烟、饮酒等嗜好健康。我建议女方可做两件事：第一是跟男友协商如果要买一件新的东西，便要把一件旧的卖掉，以节省金钱及储存空间；第二是鼓励男友发展他的嗜好成为专长，成为一种可赚钱的投资。如男友喜欢摄影，便鼓励他参加摄影比赛及影展，成为业余摄影师，接一些生意来做。假若女孩子也有其可发展为事业的嗜好，男友也应予以支持。

以身作则　另辟谈恋爱活动

如果你们两个财政独立，不花费对方的金钱，但希望另一半养成节俭的习惯，光说是没有用的，必定要以身作则。首先叫你的另一半不要买任何100元以上的礼物给你，一同外出吃饭时好的东西留给对方吃，例如鱼片粥里的鱼片给他／她吃，自己则吃剩下的粥，以行动感动对方，令他／她改变行为。

两人相处不一定要花钱才开心，可以去沙滩走走，晚上去西贡码头欣赏月光，或趁政府的博物馆免费开放时一起去游玩，都是既浪漫又免费的谈恋爱活动。节日买礼物给对方时也以实用及替换已报销的耐用品为主，如对方钱包破旧了，可在生日时买一个新的给他／她，反正对方也是要买新的，这样便可花一份钱达到两个目的。

养大对方胃口　后患无穷

除此以外，你有没有想过，对方之所以会成为一个大花筒，可能是自己一手造成的？

有些男孩子为了讨好新相识的女友，一开始便花光积蓄买名贵钻戒作生日礼物，虽然这可能逗得对方一时的欢心，但也提高了对方对下一份生日礼物的期望，养大了对方的胃口。你今年花光积蓄买大钻戒，下一年有没有能力买更大的钻戒呢？如果没有，女友不一定会体谅你的境况，还可能因此觉得你对她的爱少了。

其实男女双方买给对方的礼物要量力而为，从小份慢慢买到大份。如果对方要你花钱买一件昂贵的东西时，就算你想买又有能力买，也不应全数付清，应以资助的形式各出一半，以保证对方真的喜爱这件东西，而不是贪一时之快。如果你没有能力令伴侣减少不必要的消费，也没有能力供其挥霍，那我的建议是尽快结束恋爱关系，在单身市场找个更好及更低成本的对象。

3.4 女孩子"钓金龟"的成本效益

很多年轻女孩子都相信爱情，希望找到一个相爱的男孩子，有个童话式的婚礼。我参加过不少婚礼，发觉没有多少男孩享受婚礼的过程，多数都是女孩对婚礼有各种要求。我个人偏向相信，即使在自由恋爱的今天，大多数男女选择单身或结婚，爱情的成分比经济考虑的成分少。

女"钓金龟" 多分散风险

虽然不少女孩子相信爱情，但也有些女孩子把结婚当成一种投资，投资不少在自己的外表上，希望钓得金龟婿，下半生便无忧。这也是一种理性的行为，但我认为这些女孩子选择投资在"钓金龟"婿的事上所考虑的信息不够全面，没有考虑到这些有条件的男士也会理性地知道不少女孩子会投资在他身上。对他来说，如果他认为这些男女关系不牵涉爱情成分的话，最佳的策略便是任由这些女孩子投怀送抱，不要结婚。所以有些钻石王老五是自我选择成为钻石王老五的，就算女友跟他生了孩子，也不会结婚的。

女孩子好胜，大多以为自己比其他女孩子聪明优胜，明知这有钱男孩身边有不少女士打他主意，也要证明自己比其他女孩优胜，加入竞争行列。男士也利用了女孩好胜的心理，增加女孩对自己的需求，不断更换女朋友。有些女孩也知道投资在男人身上的风险非常高，为了分散风险，会同时多结识几个有钱男友，提高钓到金龟的机会。

亦有些看得开的女孩子，看出有钱男士不会结婚，所以不希望跟有钱男友天长地久，只想每次交往都可得到一些比较大的好处，宁愿不停地多做几单生意，也不愿投资在单一顾客。

男追有钱女 成本更大

以上所说，也可应用在男孩子处心积虑找有钱女友，但情况比较少，而且本质有些不同。年轻而有钱的女孩，主要是家中有钱，对这些有心机的男士来说，要成功追到有钱女不难，要对付比他成熟聪明的有钱未来岳父难度更高。

一般男士追求女孩，跟动物世界一样，都是炫耀自己比其他男性强。对动物来说，这是指强大的身躯和武力；对人类来说，这是指经济实力。若追求经济实力比自己强的女孩，你的经济实力对她没有吸引力，这些男士就会采用其他策略，如细心及装可怜以博取女孩子的同情心。两个男士为追求女孩而打架，动物会爱上打胜的，而人类则刚相反，会对打输受伤的由怜生爱。这些有心机的男士在扮演完失败者追到有钱女孩后，又要以强者身份说服未来岳父相信他有能力把他老人家的事业发扬光大，所以我认为男孩子追有钱女的成本比女孩子"钓金龟"的成本大，因为事后可能会患上精神分裂症。

爱情市场信息不对称

男女因相爱而结合，本来是一件神圣美好的事。爱情也没谁对谁错，也不可强迫，错就错在有意或无意间承诺了对方过长的爱情时段。利用婚姻制度去达到自己的经济目的，主要问题在于对方要在信息不完全及不对称的情况下作出人生的大决定。

如果爱情世界有完全及对称的信息，大家都肯跟对方说：我不爱你，和你一起只是为了钱，或为了其他目的；或我爱你，但只爱一个月，一个月后我要去爱另一个人了。如果这些信息都可在婚姻市场公开的话，明知对方不爱自己也跟他结婚，那么这便是你情我愿的市场，没有欺骗不欺骗。但在信息完全透明的情况下，成功结婚的情侣数目会大幅减少，爱情市场也不像劳工及租务市场般，把条款写在合约上，由法庭处理双方的纠纷，所以爱情市场必然是信息不完全和不对称的，出现欺骗及违背承诺的事件是必然现象。

孤注一掷"钓金龟" 小心变剩女

女孩子如果已不相信爱情，选择"钓金龟"的话，也要小心自己的青春美貌资本随着时间流逝而加速贬值。而且，肯结婚而又愚蠢的钻石王老五少之有少，如果十年八年也钓不到的话，这投资可能得不偿失，下半生可能要孤独终老。经常与有钱男士约会的女士，生活水平被提高了，很难走回头路。一般男孩也不会希望女友以前有个很强的男友。大部分想"钓金龟"的女孩努力了很多年却仍是失败，而且由于有高调的过去，同龄的普通男士自然就不敢追求。同时，这些女士觉得自己条件很好，不太接受自己是剩女的事实，而这些女士这时已有些积蓄，又风韵犹存，便成了另一类较年轻男性的猎物。有些女性也为了证明自己不是剩女，便与不知自己过去的及年轻一大截的男士结婚。所以男女不同的爱情观，不但会间接影响他们将来的人生，也影响到将来的社会现象。

3.5 为何婚姻合约没有年期

婚姻是一种社会制度，社会不断转变，社会制度也随之而变。人类历史上就出现过不同的婚姻制度，如一妻多夫、一夫多妻等。基督教视婚姻合约为两夫妇及神之间三者的合约，是神圣的、永久有效的合约。随着基督教的兴起，一夫一妻一生一世的婚姻制度亦已成为现今世界主流。

即使结婚时大家的主观意愿是一生一世，但在现实世界里的离婚率仍相当高。在有些大城市，每两至三对结婚夫妇，同年就有一对离婚，这是不是反映了现行的婚姻合约没有成效？婚姻制度将来会朝着哪个方向改变呢？

终身婚约 VS 续约式婚约

由于婚姻涉及经济利益和财产分配，现在很多富豪在结婚前都会签下婚前协议书 (Prenuptial Agreement)，列明婚姻双方的行为守则及离婚后财产的分配。美国总统唐纳德·特朗普（Donald Trump）就在其著作 *How to Get Rich* 一书内大力鼓吹婚前协议书。这种个人化甚至带有商业性质的婚姻合约，是否是未来主流婚姻合约的雏形呢？

我们先看看，任何商业合约，如租约、雇佣合约，都会有一个有效年期，如两年或五年，之后如大家都同意，便可以再续约。如果未来的婚约加入商业元素，会不会以续约形式运作，以不续约取代离婚呢？续约式婚姻合约与终身婚姻合约相比，有什么好处，又有什么缺点呢？

续约式婚姻合约的五大好处

续约式婚姻合约应有以下的好处：

● 保护被丈夫虐待的女性

有些男性有暴力倾向，一不如意便殴打妻子，不少妻子都怕如果提出离婚，丈夫不但不肯，会变本加厉，甚至连子女也殴打，所以只有继续哑忍。固定年期婚姻合约，可帮助解决这个问题。

● 引入竞争，提高夫妻关心对方的质量

在商业世界，如果你不满意合作伙伴的服务，可不和他续约，续约条款设立的目的是为双方再度合作提供诱因。有些男人婚后只顾事业而忽略太太，有些女人则婚前婚后是两个人，续约式婚姻合约可定期开放男女双方的选择权，令双方为了续约而不停地为对方提供最好的爱护和照顾，不敢怠慢。

● 降低离婚的社会成本

离婚是一个很复杂的法律程序，需要夫妻双方就财产及子女抚养权等取得共识，如果大家在这些事项上有争议，便要诉诸法律解决。在离婚率高的社会，要花大量人力物力去解决这些问题，续约式婚约因而可大量减少离婚的社会成本。

● 减少同居人士的数目

现在有不少男女同居很久但仍未结婚，主要是婚姻的无限期合约太长，男方或女方不想作出承诺。续约式婚姻合约可吸纳这批同居男女，大家可以有夫妻的名和实，同时也可有不续约的选择权。

● 较有弹性

续约式婚姻的年期由婚姻市场的竞争决定，希望嫁得如意郎君的女士会降低年期的要求，而希望取得娇妻的男士会提供较长年期，甚至无限期的婚约。如果不停地续约，其实和终身婚姻合约没有分别。但续约式合约会比较有弹性，而长期合约可做到的，续约式合约也可以做到。

固定年期婚约的局限

既然续约式婚姻合约不无好处，为什么我们的社会这么多年来都不能实现续约式的婚约呢？原因是这种固定年期的婚约有其固有的缺点。

续约式婚姻合约的缺点：

● 不受女性欢迎

很多女性相信爱情，对爱情存有浪漫想象，即使她们也知道现实世界的离婚率很高，也希望能和相爱的人一生一世。而且女性普遍较长情及感性，一旦结婚，即意味着对一段感情及关系的全情投入及终生承诺，要在合约完结时放弃所投入的一切，基本上是不太可能的事，所以续约婚姻合约不会受女性欢迎。

● 难以处理孩子问题

结婚的一个重要使命，就是要生孩子，给孩子提供一个健全的成长环境。如果夫妇结婚 5 年，合约到期而不续约，孩子如何处理？这当然也应该一早写在合约的条款内。但人是有感情的动物，如果你在合约上注明放弃抚养权，后来却发觉不能离开子女，那怎么办？ 当然你可以在新合约上给对方更大的好处，如大幅增加家用，看对方可否再续约。

● 难与国际婚姻法接轨

有年期的婚姻合约，在墨西哥和德国的立法机构也有

解构婚姻成本及风险

第二章

讨论过。两个人结了婚，除了结婚注册国要承认这个婚约，他们去到世界各地，也应是合法夫妻。如果只有一个国家推行续约式婚姻合约，而其他国家不承认这种合约，或未有相应的法律配合，那么便会引起很多移民或居留权等问题。因此，续约式婚姻必须得到各国配合一同推动，否则很难成为世界主流。

续约婚姻成主流

以上的缺点都是技术性的问题，一直以来，婚姻合约不能像商业合约般以续约形式运作，其主要原因是婚姻与商业交易的本质不同。为什么两个人或公司之间要订立商业合约而不用口头协议？合约为什么存在？就是因为双方没有互信基础，你不信我，我不信你。为了保护己方利益才需要订立合约，去引入一个有力的第三者，如法庭，为合约的监察者。而婚约出现的另一个目的是保障双方的法律权益，如遗产分配及社会福利等。但两人结婚，是基于相爱及互信，名义上是要爱对方，为对方而不是为自己的利益着想。这与合约存在的目的自相矛盾，所以一直以来婚约都不以续约形式存在。

其实人生最美好的事，莫过于能找到一个相互深爱的人共度一生。可是，爱情归爱情，现实归现实，由于续约式婚约较终身婚约离婚制有弹性，如果让两类婚姻合约在婚姻市场上自由公平竞争，选择续约式婚约的人不一定会较少。未来的婚约会出现续约形式不是没有可能的事，但如果因此而成了将来的主流，也可说是人类的悲哀。

3.6 如何用 10 万元就可结婚

现代人结婚，要花一大笔开支，包括礼金、酒席、婚纱照及度蜜月。比如在香港，这笔开支，保守估计，也需要 20 万，而且是要男方负责。这对一个刚进入社会工作不久的年轻人来说，是个沉重的负担。如果财政上还没有准备好，但又要结婚的话，有什么方法可节省这方面的开支呢？我认为要从三个方面考虑这个问题。

结婚，除了夫妇二人外，还牵涉到双方的父母及其他亲戚朋友。如何才能筹备一个既得体又省钱亦满足三方需

解构婚姻成本及风险

要的婚礼？

支付彩礼要量力而为

彩礼是男方家给女方家，金额多数由女方家决定，并得到男方家同意。不像婚宴，彩礼不可由亲朋好友分担。我认为彩礼只需是个象征式数目便够，但不可少于5位数字，最好以好意头的数字，如8字结尾，例如33888，取其好意头。

男方在彩礼一事上一定要量力而为。我认为大约是男方的一个月薪金已够，最好不要多于月薪的3倍。如果女方家不体量而开天杀价，要你一年以上的工资，那你便要好好跟他们商量，而且要自己亲自谈判，不要靠父母，即使父母肯替你支付，也不要让他们这样做。结婚的开支是自己的责任。你已经是成家立室的男人，要尊重岳父岳母，但也要有自己的意见。

如果你连跟岳父岳母谈判的胆量也没有的话，他们怎么放心把女儿交给你呢？如果只是为了顾全面子而给大额彩礼，你婚后的财政状况将会不健康，反而影响了婚姻生活。

减少婚宴开支的窍门

我个人注重实际，不喜欢花钱买面子或形式上的东西。我认为婚宴不用大摆宴席，摆酒设宴只是男女双方父母要向亲朋交代的心理障碍。其实，只有双方父母喜欢摆酒，婚宴对新婚夫妇是一件很累的事情，而且除非你指明不用给礼金，否则除了至亲好友外，其他的一般宾客也不一定喜欢收到你的喜帖，被逼花钱花时间为你做布景板。所以如果真的要宴客，一两桌便够了，省下来的钱可用作旅行。

如果父母坚持，而你又不想得罪他们的话，那么问题便是如何搞一个不用赔本的婚宴。女方家通常要十桌八桌酒席，而且女方家礼金一般归女方家所有，就算方男家亲友的礼金足够支付男方家酒席的开支，男方摆酒也是赔本生意。如何可减少婚宴的成本呢？我认为有几点可以做的：

● **不要抢热门日子**

热门日子的酒席特别难订也特别贵，但你的礼金收入不会因婚宴日是好日子而多了。相反，我认为在愈冷门的日子摆酒愈好，必要时，婚宴与婚礼的日子可以不一样。

● 举办特色宴会代替传统婚宴

相信大家去过不少传统婚宴，无论是酒楼还是酒店，不会期望菜单或食物有什么惊喜。而且，若酒楼或酒店知道这是个婚宴，同一菜单比非婚宴要贵得多。与其任人宰割，不如自己包办一个有特色的宴会，例如找个有全海景的地点，或在游艇上，或分批在家宴请，食物以精简为主，但一定要有一两道美味的主菜，成本不高，但客人会感到新鲜。

管好婚纱照及蜜月开支

一般婚纱照公司，会以一个比较便宜的价钱吸引你，然后替你不断拍照，最后你必然不舍得很多美丽而一生只拍一次的照片，而要付出比原先预算多一倍甚至两倍的价钱。我认为现今科技进步，一个比较好的智能手机已可拍得很高质素的照片及视频，只要找个对摄影有认识的朋友负责，多拍一些，利用提高数量的方法提高筛选出来的照片的质量，就不必花几万元去拍婚纱照。

度蜜月是结婚过程唯一的二人世界时间，亦是很多新人必做的事。女孩子一般喜欢去日本及欧洲，如果你的资金有限，我建议可以舍远取近，去一个近但有特色的地点旅行，如去韩国。而且要参加一些由当地政府或机构赞助的旅行团，每人五六千元便可玩五日四夜。

如你与你的另一半有共识，要少花些钱在婚礼上，留多些资金在买房及生小朋友的事情上，用以上的方法，那么 10 万元以内便可筹办一个有特色的婚礼。

3.7 要孩子还是要房子

时下很多年轻人自愿或非自愿地成为单身一族，没有生育小孩子的烦恼，但有些已婚的都选择不生小孩，到底是为什么呢？

这不一定是经济能力的问题，只是个人生活取态的问题。小孩子不单占去了你的金钱，也占去了你的时间，如果没有把生儿育女看成天职或责任，那么生不生孩子便成了一个计算成本效益的经济问题。

算算生育孩子的成本

不同于一般的经济问题，在生育孩子的问题上，父母既是消费者也是生产者及投资者。小孩子是不可转让的，生了也不可不要，而孩子将来亦不一定会孝顺及供养父母，所以不难理解为什么有些夫妇选择一辈子过二人世界。

生育小孩的成本可高可低，看看你给他什么物质资源及花多少时间在他身上。电视广告说养一个小孩要400万港元，其实这个数目已是低估了。试想若你要养他到20岁，即一年要用20万元，每月不到2万元。如果你希望子女入读国际学校，单是每月学费及杂费也超过1万元，再加上课外活动、外出用餐、车接车送、保姆一对一照顾、每年两次外国旅游等费用，400万元一定不够。我们算一算，就算是低收入家庭，有政府资助的12年免费教育，入读国内大学，一个月投放在子女身上的钱也不会少于5000元，20年下来，也要超过100万元，这还没计算自己的时间成本。

孩子、房子大比拼

如果你选择不生小孩，把钱存起来，20年便可成为百万甚至千万富翁。难怪不少夫妇选择不要小孩子。再算一算你的时间成本，不算吃饭时间，如果父母一天陪同小孩两小时，教他功课及带他去课外活动，这两小时以市价计算，每年的成本便是家庭收入的四分之一，20年便是五年家庭收入。以香港家庭每年收入中位数年约30万港元计算，这时间成本也值至少150万港元。如果你年薪过百万，那时间成本便是500万港元。如果没有小孩，这所有的成本足够一个家庭在20年内付清一套房的贷款。因此，生孩子的抉择，可简化成要孩子还是要房子。

换另一个角度看，相对孩子而言，房子是死物，它不会要你担忧，不需要你的爱，不需要你陪伴，也不会顶撞你；但它亦不会爱你，不会为你传宗接代，不会给你抱，更不会叫你爸爸妈妈。如果你生小孩的目的是为了尽传宗接代的责任，你要有心理准备小孩日后可能持有相反的想法。我问过不少未婚或决定不生小孩子的家中独生子，不生小孩怕不怕父母责怪他们不传宗接代，得到的答案是他们不但不认为这是一个责任，反而认为自己的出生是没权去选择，所以父母要承担子女不再传宗接代的风险。这想法在法理上说得过去。人只有养育子女的责任，而生小孩子是选择而不是责任。

解构婚姻成本及风险

第二章

95

年轻人生小孩 须注意两点

年轻人在决定是否生小孩子时，要留意以下两点：

● 夫妇二人必定要在婚前为是否生小孩达成共识

如果婚后才知对方的期望和自己不一样，婚姻关系便不会稳定。如果为了骗得对方和自己结婚而隐瞒自己生小孩的意愿，希望婚后造成既定事实，令对方跟随自己的意愿，更是不道德的行为。

● 生小孩子是不可逆转的决定

尤其对女性，生了不可不要，过了生育期便不能再生孩子。我们必须掌握全面信息，以及确定自己的喜好，以便生孩子的决定不会随着环境改变而受影响。夫妇始终是两个没有血缘关系的陌生人，而且有替代性，不少爱得要生要死的夫妇最后也是离婚收场，但孩子则永远是自己的，和自己血脉相连，不可能被取代。你对孩子的付出及彼此之间的爱，只有自己才能明白和感受，没有生过小孩子的人是不能体会的。

决定不生小孩的夫妇，可能接收了有关养育孩子的第二手负面信息，例如在街上或餐厅见到其他人的孩子大吵大闹，其他朋友投诉养孩子支出多大、如何花精神去照顾孩子等，但养育孩子的正面的第一手信息却不会有人能和你分享，亦不能亲身感受到。不生小孩子的决定，就如同一个未曾吃过鱼的人决定终生不吃鱼。如果你年轻时比较喜欢自由享乐而决定不生小孩子，随着你愈来愈成熟，希望有一个人让你展示父爱或母爱；或当你事业有成，却找不到继承人；或当你的另一半离你而去……到时候，你已经不可能变一个亲生儿女出来。

因此，在决定生小孩与否前，要问一问自己，在60岁时会不会作相同的决定？若然不是，那便要三思。

第四章

不断进修　必有所得

4.1 中学毕业不入大学怎么办

　　大部分中学生毕业后的目标都是考入大学，但大学的学位有限，大部分适龄及合资格的同学还都不能如愿，10多岁便要进入社会工作。有些勤奋或好运的，可在社会上干出一番事业来；那些没有自己的事业及大学学位的，以后的人生道路大多比较艰苦，尽管每天辛劳工作，换来的社会经济资源却十分有限。如果你无法考进大学，又未能积累人力资本，便应该在年少时多储备些金钱资本。

　　但这又谈何容易？例如，香港虽是富裕的城市，但穷人也不少，我们还未能够达到北欧小国的均富生活水平，很多年轻人的收入甚至不足以养家糊口。犹幸香港有一个好处，就是除了看重学历的工种外，还有很多以市场价值为回报的工作。

主攻以市场价值为主的工作

劳动力的回报大致可分为两种形式：一种是以职位或职级，另一种是以该工种的市场价值。

前者主要是一些很难量化其生产力及市场价值的工种，如公务员。试想想为什么一个坐在写字楼的高级警官的工资会比前线拼命的警员高？这是由于学历的不同和过去工作经验的累积。学历高的同学从事以职位或职级分高下的职业会比较有利。

第二种是以市场价值为主，如电影明星及歌手。明星既没有职级之分，亦没有从属关系，更不是以年资决定收入高低。虽然在中国内地明星有分级别，如国家级演员，但一般西方国家并没有此种级别划分，只有知名度高低之分。而销售类别的职业，如保险业，亦属此类，职位高不代表收入高，而是多劳多得。

年轻人如果学历不高，最好找一些以市场价值为主、对学历要求不高，但收入可以很高的工作，以减少学历效应对你的影响。行行出状元，只要肯努力，学历其实并不太重要，不要因考不上大学便惊慌失措，应该冷静下来，想一想自己的长处，认清什么工作需要自己的专长，而且要做到长卖长有，不要只满足于一两小时的高薪，那么你的毕生收入绝对不会比一个大学生差。

积累财富 持续进修

当然，不少以市场价值为主的工作（如销售）也有管理层，需要处理一些文书工作，如果不继续进修便可能无法升职。因此，如果你希望持续进修或完成大学学位，不妨先努力积累财富；如果不打算攻读学位，也应经常进修，可以修课形式或自学，更新自己的知识技能，如英语及计算机应用技巧等职场上的实用知识，以增加竞争力及收入。

其实，不能入读大学有很多原因，如学额不足、选专业策略、市场需求改变及运气等，并不一定是个人的能力问题，千万别失掉自信，认为自己的学识及能力比一个大学生差。只要多阅读、多进修增值，中学毕业生的学识也

第四章 不断进修 必有所得

可比大学教授更渊博。

还有一点很重要，就是不要太快给自己贴上标签，认为自己这辈子已注定是社会的中低层。有些人甚至开始省吃俭用，把所有资源留给下一代，寄望下一代可代为出头，为自己实现人生或事业目标。世上无难事，如今进修的途径又很多，与其不切实际寄望十年二十年后下一代可代为出头，不如现在就发奋向上，既能为下一代争取资源，亦可改善自己的生活及社会地位，出头一定指日可待。

4.2 大学如何选专业

入读大学是很多中学生的梦想和目标。在我的中学时代，香港实施精英教育政策，当年只有 2% 的适龄学生可以入读大学，所以那时的大学生被社会视为天之骄子，亦很容易找到高薪工作。随着大学教育普及化，如今入读大学的机会增加了，但好的大学及学系，竞争仍相当激烈，中学生在选择大学专业时，应以什么为准则，又如何提高入读心仪学校及院系的成功机会呢？

成绩欠佳 先入学再转系

选择专业时，要同时考虑三个因素，即兴趣、相关科目的公开考试成绩及就业出路。

如果你能选择一门你有兴趣，与之相关的公开考试成绩又好，而且又是就业前景很好的专业，那就最理想。但如果你有兴趣的专业都被大家视为不容易找工作，又或如果你公开考试考得好的科目不是你兴趣之所在，又或者你在有兴趣又可赚钱的科目考试时失准，那么应如何抉择呢？

如果你不能确定你可被心仪的院系录取，甚至没有信心入读大学，那么应以能入读大学为首要目标。因为在你能入读有兴趣的专业之前，能够成功进入大学是必要条件，所以在这个条件上，应选择一些容易报读的专业，或自己公开考试成绩较好的科目，先入大学，再尝试转系。如果不能转系，那就专心把主修科目念好，到读硕士时才选择自己有兴趣的科目。

有把握的专业 放第一志愿

我从小学到中学毕业，最喜欢的科目是数学，无论校内考试或公开考试，都是拿到最好的成绩，但到了大学选主修专业要作出抉择时，究竟选择数学好还是经济好？

衡量了以上三个因素后，得出以下结论。我对两门学科都有兴趣，而我在两个学科的公开考试都考到最好的成绩，剩下来的问题就是哪一个专业的就业出路比较广阔。基于就业的考虑，我选择了经济专业。虽然大学毕业后我没有马上就业，而是赴美留学，攻读博士，但最终选择了经济学中数学最多的计量经济学理论。

如果你在未知道公开考试的成绩前便要选择大学及主修专业，那你应有自知之明，估计自己的能力。如果能力不高，应该避免冒险选择名牌大学的热门院系，因为例如在香港，很多院系会优先考虑以该系为首选的学生，就算成绩较好，如果学生不是把该系作为首选，也很难被录取。故此，如果你第一志愿填报了没有把握的专业，而第二志愿才是较有把握的专业，到最后可能两个院系都进不了。

如果你没有特别的喜好，也没特别的强项，也不太介意将来工作的薪金，那么我建议你选择一些十分冷门的专业，一来这些专业比较容易考入，二来这些专业虽然十分专门，但随着社会演变，某些冷门行业也可能会兴旺起来。

例如环境科学及医学院的妇产科，10 年前没有人会想到社会需要大量这方面的专才。所以入大学选专业，是一项人力资本的投资，跟一般买股票投资无异，都要眼光独到，洞悉社会的转变。

4.3 大学四年如何分配时间

在大学的四年里，应如何分配时间呢？

在香港，大学第一年通常是念学院的通识科目，到第二年才选择主修科目。第一年你应多念些不同的科目，尤其是中学没有的科目，了解每科真正要求。

这一年也是特别容易放松的一年，虽然大家在中学时代都是名列前茅才可考入大学，但千万别忘记了你的对手也很强。由于香港大部分大学的考试成绩都是通过比较所有考生的表现，并按相应百分比给予成绩，即俗语说的"拉 curve"，所以往往第一次考试的成绩会较预期差。举例说，5% 的同学可得 A，10% 可得 A－，如此类推。

首两年别松懈 专注学业

千万别看轻第一年的成绩，因为它是最重要的，主要有两个原因。第一，如果你在第一年还未选主修科目，那么你在第二年能否入读便决定于第一年的平均绩点（GPA），即第一年的考试变相成了实际的大学入学试。第二，现在很多学生都会到外国做交换生，如果第一年的成绩好，便可早些成功申请做交换生，甚至有足够时间去做两次交换生。我念大学一年级时，由于前一年刚刚考完大学入学试，希望进入大学后可轻松一下，结果一科计算机选修科不合格，只考到70多分，拉低了该学期的整体平均绩点，后来痛定思痛，成绩才追上来。所以同学在第一年时，如果太过松懈，代价可能很大。

到了大学第二年，要选读主修科目，如果你的大学学位荣誉等级只决定于主修科目的平均绩点，而你又重视荣誉等级的话，这时你可花多些时间在主修科目上，投放少些时间在其他选修科目或副修科目，以求取得高一些的主修平均绩点。

我一向不主张同学只闭门读书，追求平均绩点，但鼓励同学尽自己能力，至少平均绩点要达至三或以上，或至少要拿一个乙等二级学位，否则出路便会少了很多，因为很多奖学金、交换生计划及硕士课程，都不会录取平均绩点低于三或乙等二级荣誉以下的同学。

及早为升学求职做决定

在大学第三年，大家便要决定毕业后是否立即继续念硕士或博士，如果你等到大学第四年才决定，可能因来不及报考一些公开试而要多等一年才能入学，所以大学第三年是决定升学与否的关键年。

到了大学第四年，这年的重点是找工作。要找到好的工作，是十分花精力及时间的。我有几位学生找到投资银行及其他待遇优厚的工作，都是在大学最后一年一开始便定好找工作大计，全职找工作大约半年。由于早有计划及准备，能够找到比其他同学更好的工作。

当你在大学第四年找工作或报读研究院时，由于成绩还未派发，所以平均绩点对找工作或继续读书的帮助不大。如果你把这年的所有时间投放在念书以追求高成绩，而没有为自己的前途做好计划的话，那不是最适当的做法。加上，大公司聘请大学生及研究院招生等都是有时间性的，他们不会等你的成绩出来了才考虑你的申请。

其实，大学四年并不是你学生生涯的蜜月期，人生到了这阶段便要靠自己，没有人会继续每年给你升班。另外，很多人花了大半生时间投资人生，获取回报的时间却十分短，这也是不符合经济原则的。举一个极端例子，假设某人有60岁寿命，理论上他可念书至59岁，用最后一年去赚取一个十分高的工资，但他已没时间享受人生了。又例如某人希望找一张最便宜的机票，但千等万等，也不应该等到飞机起飞后才做决定。到了大学最后一年，不但是决定你以后的人生道路怎样走的关键一年，亦是决定职场胜负的一年。很多同学毕业后找不到工作，不是由于成绩差，而是错过了时机。

机会，永远只留给有准备的人。

4.4 我的学习路程

很多经济系的研究生喜欢找我做硕士及博士论文导师，可能他们见我的著作涉猎的范畴广泛，愿意和他们合作发表，而且不少受我指导的学生都有论文发表及找到好的工作。很多学生见我研究的题目甚多，以为我什么都懂。其实我只是兴趣比较广泛，求知欲甚强，每当我脑子里有什么新想法，我都很希望把这些想法变成有系统的理论以论文发表。

例如，我自己有竞投车牌的亲身经历，我便会问：为什么有人愿意花几百万甚至过千万购买一些不可吃及没有生产力的数字回来？而车牌的价值又是怎样决定的？其后，我便做了一个实证研究，建立一个车牌定价的模型，发表了两篇有关车牌定价及数字迷信的期刊文章，其中一篇和同事吴嘉豪教授合写的文章被美国《纽约时报》专栏介绍。

由于写一篇论文需要几个月甚至几年的时间，而我的新想法又特别多，所以有很多积存的主意尚未写成论文发表。

从小培养广泛兴趣

我的广泛兴趣，来自我的学习成长背景。我中学时期不是念文科，也不是念理科，而是念工科，包括金工、电工、印刷及绘图。这些科目其实十分实用，例如以往念印刷科时，由于尚未有计算机打字，当时的文字印刷还是要排铅字粒，而排铅字粒一定要记熟每一个中文字的部首，所以中一时我便要熟背字典中的所有部首及其笔画次序；而金工则要熟悉很多机器的操作，其实每部机器的体积很大，而且要严守安全操作守则，对十多岁的学生来说，不是一件易事；电工则是理论最多的一科，要学会看一个电子仪器的电路图及其运作的原理，及自己去买零件把仪器做出来，我记得会考时的习作是一个金属探测器。

其实这些科目对成人来说也有相当的难度，更何况是十多岁的青少年。我上的学校虽然不是传统名校，但那时的同学们其实十分单纯，校风十分好。因为繁忙的习作已占去了大部分时间，根本没有时间去学坏，当其他同辈沉迷于打电子游戏机时，我和同学们便在想游戏机是怎样制作出来的。我的第一台计算机就是和同学一起买电子零件，看着电路图而自制出来的。

善用新媒体 搭建人生舞台

虽然科目实用，但那时大学不承认这些科目，所以同学中能入大学的少之又少。我之所以能有机会入大学，全因中六那年转型念经济科。由于自己的数学及工程学的底子不错，而念经济科需要数学能力和分析能力，所以大学入学试的成绩考得不俗，顺利入读大学。现在看来，入大学不是什么难事，但当年的同龄人只有 2% 能入大学，所以我认为自己十分幸运。大学时，在数学与经济学两者之间，我选择了经济学，也修读了不少商科、统计学及日语；到读博士时又主攻计量经济学；闲时则喜爱看中国历史，一路成长以来，文理工商的科目都涉猎过，跟任何人谈话都可找到话题，想问题时也会从多角度去考虑，这也体现出通识教育的长远效益。

随着新媒体的兴起，现在的年轻人每天所接收的信息比我那个年代多了很多，而知识面也广了。虽然不一定都读过文理工商，但信息爆炸的年代提高了同学多方面的技能。传统学科及以计数为主的考试方法，已经不能用来衡量学生的学习能力及创作力，所以我教书时都喜欢以一个题目限制较少的习作，作为部分的评分标准。很奇怪，很多学生在试卷上不懂计算考题，但做自由习作时却表现得很认真及创作力十足。

因此，年轻人若工作或考试的成绩不太理想，千万不要灰心。这可能是评审你的人跟你的口味不一样，或评审机制过于单一及传统，不能为你提供舞台。

如果你认为自己有丰富的知识及很高的工作能力，但苦无舞台给你发挥，可以自己搭建人生舞台，自己做主角，不妨考虑做生意及投入服务社会等活动。

4.5 应否考财务分析师考试

很多学生都报考过 CFA（Chartered Financial Analyst, 特许金融分析师），我问他们为什么报考，得到的响应是：很多同学都考了，自己不考好像不太好。那为什么其他同学报考呢？答案又是一样：其他同学考了，自己不考又不太好。问来问去，答案都是一样。

那么如果问第一个考这试的学生，他或许会说，多考一张证书，对将来找工作及升职可能有好处。那么我又想问：你觉得考前考后，学问及工作能力有否提升？他们又说：只复习了几天便去应考，不觉得学问及工作能力有很大的提升。既然学问及工作能力没有因多复习几天而提升，那么雇主又为什么要聘请你或让你升职呢？

从考试看出员工心态

如果所有考生都没有因报考 CFA 而得到工作上的好处，考试费又这么昂贵 (共有三张试卷，若加上失败重考的费用，动辄需要 4 万至 5 万港币)，这考试便没有投资价值。为什么多年来还是有大批考生争相应考？这证明市场上有些雇主真的奖励这些考生，令考试得以维持下去。

雇主也许知道不论你考这试与否，工作能力不会有什么分别，但仍然让雇员加薪或升职，表示雇主发出了一个信号——暗示如果你重视前途，愿意投资，雇主也希望聘请一个有能力的雇员作为长期合作伙伴，为自己分忧。然而，没有参加考试的雇员可能也是人才，但雇主却未能从他们身上找到一些信号。因此，即使通过考试并不代表能立即提高生产力，只要信号有效，考了试还是有好处的。

CFA 的囚徒困境

长久以来，经济学家对为何教育水平高的人有较高的工资，存在两派解释。一派认为受教育真的可以提升生产力，所以可赚多些工资；另一派则认为教育不能提升生产力，除了专业的学科，很多大学生日后的工作跟求学时主修的专业没有什么关系，雇主愿意给大学生较高的工资，主要是基于有能力的人才能考进大学，所以入大学等于发出"自己是有能力"的信号。

这两个解释哪个对哪个错是不容易证明的，但如果证明了后者是对的，便有很大的意义。因为大家都不需要花这么多年去读大学，政府也不需要花这么多钱在大学教育上，人人只要拿着大学入学试的成绩去应聘工作就够了。但信号效应的存在取决于大家的策略，如果人人拒绝报考或选择报考，那么信号便不存在。而且，如果所有人都报考，便要付出高昂的考试费，损失会比所有人不报考更大。

CFA考试在经济学上成了一个囚徒困境 (prisoner's dilamma)，在大家合作及存在共识下，都不应报考，那么便不用付高昂的考试费。如果有人偷偷报考，他的升职机会可能会提高；但如果人人最后都去报考，对大家都没有好处，只是白白花了考试费。

我个人认为不值得考这个试，宁可用这几万元考试费去设立自己的投资基金。有些雇主聘请需要雇员有独立思考能力的职位时，很可能觉得你随波逐流，认为你花高昂的费用去考试的行为是没有独立思考能力的不智表现，反而不会聘用你。

4.6 应否念硕士学位

面对大学生的数目日渐增加，为了提高竞争力，近年愈来愈多年轻人报读硕士课程。从人力资本投资的角度看，念硕士的回报如何呢？

念硕士绝对是一种经济选择。每年的申请人数和学生素质是反经济周期的，经济好的年份，报考硕士的人数少，整体质素较差。这个可用时间成本的反经济周期来解释。念硕士跟找工作成败哪个是因，哪个是果，难以弄清。

经济不景或失业 报读最佳时机

如果你已有一份工资高又稳定的工作，我建议你不如等到经济差、失业时才去念硕士。硕士的头衔，如果没有实质的工作收入配合，可能连自己都养不起自己，更不用说养活妻儿。大学不是职业培训所，大学的天职是通过研究和教学推动社会进步。但无奈学生却把职业的考虑作为读不读书的指引，很多大学为了生存，也不得不市场化，开办较受学生欢迎的课程和专业。

比如在香港，硕士课程有很多选择，以两年全日制由政府资助、必须写硕士论文的哲学硕士课程的竞争最为激烈，学生的学术水平也较高，因为可获得每月万多元的津贴，比不少内地大学教师及本地大学刚毕业的学生的工资还高。另一种则是各院校自费式的修课硕士课程，一般为一年全日制或两年兼读制，不用提交论文，学费也比哲学硕士学位高出一倍以上。有不少同学愿意投资攻读这类自资式硕士课程，如工商管理硕士课程。

读硕士如买名牌

那么花十几万元去念一个硕士又是否物有所值？硕士与学士之间，学术的附加值没有博士与学士般明显。有些院校的自费硕士课程，由于学生白天要工作，而且很多都离开学校一段时间，所以有些课程比学士本科生的课程还要浅白。念硕士的首要考虑，并不是课程是否具有高的学术价值，而是在增加学科知识之外，还要增加自己其他学科，以及其他的生活知识。硕士课程，尤其是半工读式的自费课程及工商管理硕士，由于学生来自不同社会背景及不同工作单位，所以也是建立人际网络资产的重要平台。

另一个值得投资硕士学位的原因是，如果你去到一所比修读学士学位课程更有名气的大学升学，便能利用该硕士学位所属的大学名气帮助自己找工作。很多热门工作，每年都收到过上千份的申请，但由于处理申请表的人手及资源有限，在挑选申请者的过程中，可能会发生名牌效应，先不考虑不是名牌学校毕业的申请人，把有限的人力资源用于挑选来自名校的申请者。名校的好处是大幅降低评审者的时间成本，如果一个部门主管要花一小时去求证每名申请者的能力，1000 名申请者便要用他三个月时间，公司要花的金钱成本以十万计。

如果只选名牌大学，可能只需要考虑 100 份申请表。那么，如果你不来自名校，不论你多么努力或出色，亦过不了第一关。这是十分不公平的，但很现实，是何时何地都会发生的经济现象。所以我一般会鼓励同学去一所比现在更好的大学念硕士，可当花些钱去买名牌效应，作为某些工作的入场券。

高学历或成求职负累

除了本地大学的硕士课程外，不少学生会选择去国外留学读硕士。外国留学成本不菲，除了学费高昂外，也要考虑生活费。如果有人问我意见，哪一个选择较好，我认为如果学士学位是在香港或内地取得，便应去国外经历一下留学的生活体验。国外大学的水平不一定比国内的高，但当然不要入读太差的，能够入读名校则更好。去国外留学，除了可扩大自己的见识外，最重要的是可以学会照顾自己。在国外，没有人照顾你一日三餐，没有人给你洗衣、烫衣、换床单、换证件、开银行户口。这些虽然是很简单的事情，但如你仍然与父母同住，那么便不能提升自我照顾的能力。

如果你的学费可以由公司支付，应尽量利用这个福利。如果是利用辛苦存来的钱，那么就要算算这项投资的回报，毕竟硕士学位不是一个必需品。很多同学报读硕士课程是基于心理需要多于一切，对高学历有情结及迷信。不菲的学费，再加上一两年的时间，其实可以有其他更好的用途，例如给孩子做教育基金。

再者，现实社会中真正需要高学历的工作很少。有高的学历，有时反而是找工作的障碍，尤其是失业时，更难找份糊口的工作，因为人家会觉得你学历高，留不住。而学历越高，你对自己的收入要求亦会越高，憧憬社会对自己的尊重和给予的回报亦越高。如果现实世界与自己的期望不一致，也找不到一份合乎身份的工作，衣食住行便会捉襟见肘。于是你心理上可能会接受不了，甚至会产生反社会情绪。

总括而言，报读硕士课程前应了解报读的目的、衡量自己的财政承担能力及必要性。

4.7 应否去念博士

我在大学任教多年，经常有内地及香港学生来问我可否给他们写推荐信去读博士。通常我都不会拒绝。但我同时也希望了解他们读博士学位背后的目的，及替他们分析念博士的成本效益。

年轻人去读博士，是一种对梦想的追求，希望有一个博士头衔，受到别人尊重，及找到一份收入可观的教授工作。但花三四年甚至更长的时间去追逐一个博士学位，从经济学角度看，是否值得呢？

教授行业日渐饱和

虽然教授工作未至于是一个夕阳行业，但是也正处于一个周期的低潮。一个行业的工资，取决于该行业的劳动力需求及供应。

教授行业的劳动力来自博士生，在美国，华人博士生占很大比例。中国在 1978 年改革开放前，内地很少有赴美的博士留学生，当时在美国的华裔博士生主要来自台湾。自 1978 年中国改革开放后，80 年代开始有第一批赴美留学的博士生，但人数不多，主要是很多大学生在"文化大革命"后停学。直至 90 年代，新一代的大学本科生大量增加，赴美留学的中国学生大幅上升，但那时还未有大量内地博士生毕业及发表优秀论文。因此，如果你在 90 年代美国博士毕业，在香港还可以找到教授的工作，要拿到终身聘用也在能力的范围内，回内地更可当正教授甚至副院长。

然而，到了近十年，那批 90 年代赴美留学的内地生，很多已毕业及发表了不少优秀论文，他们未必可在美国找到工作或获终身聘用，故大部分在近十年蜂拥至亚洲，主要是到香港、新加坡或内地一些可付得起美国工资的大学。由于这些学校数量有限，而好的学者供应过剩，结果是，获终身聘用或被擢升做正教授的难度越来越高，但工资则没有大幅的上升。有些学校甚至实施市场工资机制，即有生产力的助理教授的工资比没有发表文章的正教授的还高。

必须做好失业准备

很多博士学生为了能够增加自己在毕业后的市场竞争力，本来有能力在五年内毕业，却宁愿多等一至两年，待博士论文被学术期刊刊登后才在市场找工作，所以读博士的时间投资动辄要七至八年。

我当年在选择前往美国读博士学位时，所考虑的问题也和其他读博士的学子一样，希望学业有成后，可找到一份大学教席。但作为经济学者，我也必须学以致用，把在劳动力经济学中所学的理论，应用于自己身上。我也会把读博士看成人生重大的人力资本投资，把学习的年限和将来收入的增加都加以考虑，务求把投资的回报极大化。所以当年我决定以最短的时间完成博士课程，由学士毕业至博士，我只用了四年时间。

如果把教授的工作和其他以终身聘用形式的工作的收入比较，同一能力的学生，自大学毕业后在银行工作七至八年，所得的工作经验及所建立的人际网络，为日后带来的终生的收入可能比读博士更高。除非你真的很有毅力，热爱做研究，有失败及失业的心理准备，否则如果只希望以读博士作为找到一份好工作的踏脚石，我还是建议你不要去读。博士生劳工市场的供过于求情况，短期也不会得到改善，可能需要 20 年时间，直至内地大部分大学都付得起等同美国的工资，那时便可吸纳大批外国留学归来的中国留学生。

4.8 内地学生来港读书前要注意什么

香港不少大专院校的水平达国际水平，有些院校的排名更在亚洲名列前茅，吸引不少内地学生报读有关的本科生及研究生课程。内地学生报读本港的大学时，应该要注意些什么呢？

● 住屋

香港地少人多，租金昂贵，不少大学坐落在铁路沿线。近年大量内地学生来港读书，推高了不少铁路沿线物业的租金。如果没有分配到大学学生宿舍，居住在校外的环境可能比内地的差得多，内地同学要先有心理准备。

● 准备挑战逆境

在一孩政策下，内地学生都是独生子女，在家里得到最好的照顾，有父母帮助解决各种问题，大多在顺境中成长。一旦来到香港，便要学会照顾自己的生活起居。如果性格内向，又没有朋友照应，有可能会变得孤独无助。遇上逆境，如考试不理想、失恋、申请奖学金或交流计划失败，更是倾诉无门，很容易愈想愈偏激，最后做出傻事来。

内地学生如果下定决心来香港读书，便不应把自己隔离，要多交朋友及多认识老师，一来可交换有关学业及找工作的信息，二来可平衡苦闷的学习生活，使自己心理健康一些。家长也要定期关心子女在学业及感情上的情况，千万不要责备、给予或添加压力。

● 申请多些院校，提高被录取的机会

我不时收到内地生的电邮，查问有关申请来港读书的问题，当中很多同学成绩都很好，亦有来自内地名校，不明白为什么得不到香港院校的录取资格。其实主要原因是香港的大学的研究生学位有按月津贴，每月大约1万多港元。

学生要为院系做一定的教学助理工作，由于成本昂贵，政府给予大学的研究生名额又有限，因而每所大学在这有限的名额上，只可拨出一个更有限的数额给非本地学生，这当中又包括内地及外国的学生，所以每年内地生可分到的名额远远少于来自内地的申请，而香港的大学每年更迫不得已要拒绝很多优秀的申请者。

内地同学在报读香港的大学时，应分散风险，多申请几所，亦不妨申请一些欧美大学，增加被录取的机会。如果只想拥有一个香港学位，方便日后找工作或继续升学，可申请全日制自费式的硕士课程，学费虽较贵，但好处是一年便可拿到学位。

● 实地考察

香港与内地交流频繁，很多内地同学及家长都来过香港，但未必会亲身走进各大学看看学生的读书及居住环境。我建议同学及家长们在申请香港的大学时，不要只看网上的信息，应先来香港作一个实地考察，走入各大学的校园，甚至预约去拜访一些老师，以得到第一手信息。然而，千万不要带礼物给老师，香港是一个廉洁的社会，送礼有可能为老师带来麻烦及令他们触犯法律，如真要报答老师的帮忙，一声谢谢便已足够。

第五章

轻松掘出第一桶金

5.1 我的消费原则

年轻人喜欢买新东西，旧的未烂便买新的，如衣服、鞋、手机、手表等，结果不但无法储蓄，甚至难以缴付信用卡账单。其实只要紧守以下简约生活消费原则，就算收入不高也可维持不错的生活水平：

● **善用存货**

我们多年来的消费，积下了不少消费品，如衣服、包、图书、影碟、红酒、饮食餐券及其他代用券等。如果点算一下这些消费品的存货，会发觉很多东西买回来了却从未用过，甚至已过了期，所以在下次购物之前或没钱用之时，不妨先消耗掉家中即将到期的存货，既可维持生活水平，也可减少浪费。

● 用至商品完全损坏不能再用了才买新的，但要买最好的

一些没有到期日的存货，如手机、电视、手表等，如果仍可继续使用，又没有卫生及安全问题，应用至破烂才换新的。到那个时候，不要以省钱为原则，可买一件最新型及最耐用的商品。我自己的手机十分旧，可十分耐用，所以即使智能电话已推出至第四、第五代，我却连第一代的也没有，而且也不觉得生活上有什么不便。只有东西烂了才买新的，但买最新最好的，这样便可用尽消费品的剩余价值，不用经常抛弃未用完的东西，既浪费金钱又不环保。但如果有安全问题，那就不必用至最后一刻，应尽快更换，例如汽车，我不会等车子开不动时才换车，别为了省钱而造成自己的不便乃至更大的损失。

● 买有需要的东西

如果你的存货已差不多消耗完，要买新的东西，那么应怎样消费？我的原则是有需要才买。什么是有需要？"人

有我有"不是有需要，怕被别人认为自己追不上潮流也不是有需要。我的旧手机还能用，所以没有需要买新手机，但我买了第一代的平板计算机，因为我需要用它来写稿，十分方便。

如果唯一的一个包烂了，那么你应买个新的；如果你家里的电视坏了，也可买个新的。如果你去年给太太买了钻石项链作礼物，今年就没有必要买项链了，可买其他的。我买礼物给亲友，都是以对方需要为实际的考虑。如对方钱包破旧，我便会买新钱包。有些东西，只是一时心血来潮，或被售货员游说而买，买了也没有用过，也是没有需要。例如，你看见一套很漂亮的酒杯而购买，但你从不喝酒，那么酒杯只可用来喝饮料或用来送礼。

● 可否改善现有的商品

如果你家里的面积有 40 平方米，觉得不够用，希望买个 60 平方米的房子，但你不够用的原因是家里有 20 平方米是用来摆放从不使用的杂物，那么你只要把所有杂物处理掉，便不用买那较大的房子。因此，在购买更大或更高效能的东西前，应先看看有没有方法去改善旧的东西或改变自己的生活习惯，以达至相同目的。

如果你能坚守以上原则，不但可以省下很多不必要的开支及减少浪费，生活质量也不会大幅下降，可以说是既环保又省钱的消费方法。

5.2 储起 30% 的收入作退休之用

社会上为什么有人腰缠万贯，有人却一贫如洗呢？有些人虽然年轻时收入高，但年老时却没有什么财富，退休生活没有保障，那又是为什么？我认为这是由于年轻人对退休生活的危机意识不足。

危机意识不足的两大原因

虽然香港有公积金制度，但供款占收入比例太小，不足以保障退休后的生活。年轻人对退休生活危机意识不足，有以下原因：

● 喜欢举债

不少年轻人喜欢先花未来钱，这喜好与为自己建立退休安全网是相违背的。我个人不喜欢活在债务中的感觉，每月辛苦赚来的钱一发工资便被扣得所剩无几，每个月好像白干一样，所以除了买房以外，我很少欠债。

大家可能会这样计算：借钱利息低，例如用借来的钱去交税，自己的钱则拿去投资，可能会取得更高回报，不是更好吗？我自己认为没必要为了一厘半厘的小差别，令自己债务缠身，影响生活质量，而且投资回报也未必能有保证。当我有钱时，便会拿去偿还房子的贷款，所以很快便还清房贷。现在无债一身轻，买车交税也可以一次支付，感觉良好。没有债务，所以余钱都可留作退休之用。

● 混淆收入和财富

年轻人很多时候混淆了收入和财富，以为收入高就一定有财富，这其实是两回事。你的上司工资收入比你高，但如果你早年买了房而他没有，那么他的财富不一定比你多。不论你工资有多高，如果你花钱也同样多，没有积蓄，那么便不会有财富。

读大学并获取学位的确会增加工资收入，但不一定保证你可拥有财富。收入是会中断的，例如经济不景气或公司裁员，令你失业，但财富却可为你带来定息收入。很多年轻人被眼前的高收入蒙蔽了，变得飘飘然，花钱没有节制，不但没有储蓄，反而债台高筑，到退休时仍未赚够钱养老。

40年赚60年的钱

不论收入高低，都必须累积足够财富才可安心退休。累积财富的第一步就是储蓄。那么要储蓄多少呢？我认为最少要储起收入的30%，可能有人认为这比例过高，但其实储蓄30%的收入也不能令财富大增，仅够保障你退休。

如果你工作40年，退休20年，便要以40年的时间去赚60年的钱，那么工作时只可用三分之二的钱去消费，并储蓄起三分之一，希望投资及利息收入可追上通货膨胀，本利足够用来退休。即使退休消费减少，储蓄多一些也无妨。要把收入的三分之一储蓄起，并不是一件易事，但也不是没有人能做到，只要不追求新款手机，不追求名牌衣服和包，便可省下不少钱。

增加财富的第二步是投资，如果你投资有道，很快便可累积足够退休的财富，不用怕失业。简单人生就是快乐人生，如果消费要求不高，又肯努力增加财富，约40岁时应可不用担心未来的生活问题。

5.3 我的理财心得

我曾举办过不少讲座，与市民分享我对理财和投资的一些看法，但由于座位有限，所以我希望以文章的形式与读者分享。在理财方面，我们先谈支出部分。在高通胀的环境下，大家应如何保持购买力呢？

不追新款 大减衣着开支

日常支出大致可分为衣食住行四大部分。衣着方面的开支上，我认为是最具弹性的。我敢大胆打赌，大部分人就算从今天起以后不再买衣服，所拥有的衣服存货也足够穿一辈子。

我们现在对衣服的需求，已经不是简单地为了蔽体保暖。大部分人买新衣服，不是因为旧有的已破烂得不可再穿，而是为了追赶潮流，所以旧衣服愈积愈多，甚至多得要捐赠。我认为在衣食住行中，第一样可大减的开支是衣服。我们只要少一些虚荣心，每件衣服多穿几次，减低每次的穿着成本，便可减少衣服开支。

当然，有些时候，工作上要穿得得体一些，需要买些名牌。我也会穿名牌，但却不追求新款，所以多数会等至半价以下才买入。名牌衣服成本大约是标价的 10%，我认为为了追求新款，而多付 10 倍费用，不符合经济原则。此外，如果你有孩子，我认为不需为小孩买太贵的名牌衣服，因为小朋友长得很快，不到半年，衣服可能已不合身了。我建议可上网站（如淘宝网）购买，省钱省时间。

点菜的黄金比例

至于吃的方面，我们只可以尽量减少，但不可能删去这方面的开支。我认识的办公室女士，不少是自己带饭，男同事则较少带饭，通常外出用餐。在香港，自从实施了最低工资后，随着食物价格上升，午餐开支动辄要 30 港元以上，这是最基本的生存需要，也谈不上美味与否，已很难再省。但也不是省不了。

很多时候一大批人出外聚餐，吃剩很多东西，十分浪费。减少浪费食物，便可节省金钱。由于工作关系，我经常要与访客及大批同事外出用膳，每次点菜总会超过 10

人以上的分量。我是做计量经济学的，减少估计误差是我的专长。所以每次一大伙人外出吃饭，同事总把点菜的大任交给我，一来我不会浪费食物，二来我可令他们以最少的钱吃到最美味的午餐。

根据多年的观察和经验，我得到一些公式。在香港，如一大批人外出饮茶（吃港式点心），只吃点心的话，把人数乘以 2.5，便是最不浪费的叫法。例如 10 个人去饮茶，可叫 25 碟点心，如点了饭面，或女士人数较多，则可减少些点心。如点小菜，10 人以下可点人数减一的小菜，10 人以上可叫人数减二的小菜。在点菜的时候，不妨多选些煲类小菜，不仅比较多汁及保温，较容易下饭，又可以减少点太多其他食物，比较省钱。

善用酒店会籍及折扣券

如果你收入较高，常出入酒店吃饭，不妨参加一两个酒店会籍，但不宜太多。我自己以往最高峰时参加了四个酒店会籍，但有些真的不常用，十分浪费，后来只保留了两个，而且每年用尽所有优惠。所谓酒店会籍，一般五六星级酒店约 2000 多元一年，包含约等值的餐饮券及一张折扣卡，二人吃自助餐一般可低至半价。而且部分在尖沙咀的酒店提供长达四小时的免费停车，一年已省回超过2000元的停车费。如果你的工作经常要陪客人吃饭，参加酒店会籍会比较划算。如果你不想支付会籍费，但又想到酒店吃饭，可经常留意网站的免费代用券。我自己也用过这些折扣券，不少高档餐厅都设有这些优惠。

此外，在不同时段消费同样食物，价钱会不一样。如果你吃饭时间较有弹性的话，不妨晚一些才到超市购买食物，或以下午茶代替午饭或晚饭。平时到超市买东西要定下指标，如鸡蛋每只平均1.5元或以下才考虑购买。

常外出公干 勿租贵价房

在住的方面，如果租住或贷款购买商品房，住的开支应占你收入的一大部分。在香港，市区最小的旧楼套房也要3000元以上，住宿方面的开支是很难省的，但可计算一下在家时间的平均时租，如只在家睡觉或经常外出公干，就不要租太贵的房子。

与住有关的开支，除了租金外，也包括水、电、煤气费。电费主要来自空调，可试试减少使用空调，或多到小区会所做运动及在会所沐浴，以节省水费及煤气费。此外，你们或许有经验，自己平时在家时间不多，但水、电、煤气费却很多，这可能是家中的外佣不节约。外佣虽是水电使用者，却不用自付，不论你如何再三提醒，他们也不会理会。如以往水电费是 1000 元，最好的方法是要求外佣缴交 10% 的水电费，另外向他们发放固定水电费补助金（如 100 元）作奖金，这样他们便有节省水电费的诱因。若把 1000 元的水电费减至 500 元，他们可赚 50 元，你也可省 450 元。

多用商场停车优惠

至于交通费方面，如果你是车主，可考虑买一些有升值潜力的二手车。我自己除了买过一次新车外，以后都是买二手车，因新车首年的折旧大。如果你有留意，有些较受欢迎的 7 人车，二手价不跌反升。

停车费是车主的一大开支，应善用停车优惠。以往我去商场，即使没有购物，都会购买一些礼券以换取两次停车优惠。在香港，如果你要从新界去中环工作一天，朝 8 晚 11，你可以把车停在铁路沿线的领汇停车场，再搭乘铁路过海。如南昌站的富昌邨，日泊才 60 元，若以 15 小时算，每小时才 4 元，但在九龙站的圆方商场停车要 200 元，在中环的国际金融中心（加上过海隧道费）则要 400 元。大家亦要多留意加油优惠，同一家公司，在不同的地点，甚至同一加油站的不同时段，加油优惠也会不一样。

如乘坐公共交通工具，可节省的空间不多。我认为最重要的是不要浪费乘车的时间，如果站在挤满人的地铁，什么都不可以做，便浪费了时间。所以早些出门上班或晚些下班，或避免在九龙塘或旺角等人多的地铁站转车，减少时间的浪费，就等于省回金钱。如果路程少于两公里，或只乘一个地铁站，不妨多走路，当作运动。

其他省钱窍门

除了衣食住行外，其他方面的开支也是可以省的，如看电影，我会选择 11 点左右的早场，以及星期二场次，比较便宜。若一家四口以正价看立体电影，费用超过 400 元，但早场就约 200 元。

如正在谈恋爱，可减少谈恋爱费用。不妨固定每年的谈恋爱开支，例如，当日常谈恋爱开支增加了，便应扣减花在礼物上的钱。这样女友为在生日收到大礼物，日常逛街吃饭时会帮你省回不少钱。如果你有子女，我认为子女开支要用得其所，与其花钱补习英文，养成依赖的习惯，不如在家看免费的英文电视节目自学，培养其自学的能力。

相信你们平时消费结账都有用信用卡的习惯，善用信用卡，可省回不少钱。我自己有两张常用的信用卡，小至吃饭看电影，大至买房的订金，都使用信用卡。虽然有两张卡，但都只用一张消费，以便集中积分；另外一张卡，则用来支付主卡的账款。两张卡加起来，还款期便长达三个月。而且我的主卡的所有积分，只用来换飞行里程数，好处是兑换免费机票所需的里程数不会改变，所以不受通胀及淡旺季的影响。在旺季机票较贵时，可用里数兑换机票。

5.4 第一桶金应怎样运用

年轻人读完书，在社会工作几年后，很多都会储蓄到一笔钱，大约数十万元。这笔说多不多、说少不少的资金，究竟应该用来买房、买车、做生意、投资，还是作其他用途呢？我认为这要看你是一个喜欢先甜后苦抑或先苦后甜的人。

有些年轻人，尤其是男孩子，喜欢先买车。年轻人未有自己的事业，也未得到社会对他们的认同，在与同辈比较时，大多会以大家所拥有的物质来衡量，因害怕被比下去，所以大家会互相比较名牌包、名车或钻戒的大小。

买车先衡量家庭月收入

若然买房，数十万可能不足以支付首付，但买车便立即可用来追女孩，接她去酒店吃饭，又可在同辈面前"炫耀"一番，自我感觉良好。

我认为男孩子天生爱车，有了能力后就买车也是很自然的事。但买车毕竟是庞大的开支，车的价款的开支只是个开始，以后的维修保养、牌费保险、停车场月租、外出停车费、隧道费、汽油开支、交通罚款及折旧等支出才是惊人数目。

以一辆 30 万元、2400cc 的新车算，10 年折旧 90%，每年维修保养 2 万元，牌费保险 1 万元，停车场租金 3 万元，外出停车费及隧道费 1 万元，汽油开支 3 万元，以及其他相关开支 1 万元，不算折旧，每年已需要 11 万元，10 年后汽车废弃，连车价便需要 140 万元的开支，就算你减去节省了 10 年的公共交通开支（每年约 1 万元），养车 10 年就要 130 万元的开支 。

如果有朋友是相同收入的，把这 30 万元用以投资，10 年赚了一倍，资产便相差约 200 万元。又如果大家各自继续把钱投放在汽车的开支及投资两方面，维持了一辈子，由 25 岁到 75 岁，50 年的资产便相差 1000 万元，即你拥有的会比朋友至少相差一套楼房，即使你年薪百万，也要多工作 10 年才可退休。

所以年轻人买车时，不应只考虑手头上的资金，而是要考虑汽车的开支占你收入的百分比。一个比较健康的比例是占家庭收入的 10% 或以下，即如果汽车开支是 9000 元一个月，你的家庭月收入需要约 9 万元，而车价最好不要超过月薪的四倍。如果你花在汽车上的开支远超过这个比例，最好先不要买车，待你收入高一点才买。

做生意 别心存侥幸

至于应否用那几十万来做生意，你可先问问自己：是否有企业家的天分及赚钱欲望？还是你只想试试自己的运气？如果你从 10 多岁起已经不断有赚钱念头，有做小生意的经验，那么我会鼓励你趁年轻用这笔资金去做生意。

如果你只想试试自己的运气，或只是朋友邀请你入股其生意，那么我建议你把资金保留，用作投资或买房。几十万在一生里虽然不算太多，但如果你在 30 岁快将结婚及买房前生意失败，损失了几十万，那便会打乱自己的人生计划，你可能要多用五年时间才可把这笔钱再存回来，那时你的女友可能已成了高龄产妇。

除非你打算独身一辈子，否则人生的第一桶金应先用来解决人生大事，如结婚、生小孩及买房，剩下来的资金才考虑其他。你可先把人生必需的大开支列出。假设以一个大学毕业生的收入及生活水平，如买房要 500 万元，结婚要 30 万元，养大孩子要 200 万元，供养父母要 100 万元，养自己至退休要 300 万元，这还未算汽车的开支，已要约 1500 万元，这一点并没有夸张，你可自己计算一下。因此，在你还未赚到这 1500 万元之前，千万不要因为手头上有几十万现金而胡乱花费。

5.5 应否买美容瑜伽套票

女孩子爱美丽及健康,很多时候都会去做美容或瑜伽。这些个人服务的收费方法,可以逐次计算,或可以一个比较大的折扣(如 6 折),以预先缴费式的方法购买,而服务供货商一般都比较喜欢顾客以预缴式方法购买。

以预缴式方法消费,最大的考虑是风险有多少。大家经常可在新闻里看到提供预缴式消费的公司倒闭的消息。究竟预缴式消费是否合乎经济效益?首先我们看看什么类型的公司会采用这种销售方法,以及为何以该模式经营。

看清套票有效期

不是任何行业都能够以预缴方式销售,这一般出现在服务行业,而且利用会员制使其不可转让。美容、瑜伽、汽车清洁、健身室套票都属于这类。而套票通常有一个相对短的限期,例如一个女孩子平均只需要每两个月接受一次美容服务,但十张套票的有效期可能只有一年。

有些实物的买卖也会以预缴的方式经营,例如杂志及蒸馏水的订购，或西饼券及汤券等，你可以逐次购入相关产品，或以一个折扣价预先购买。这类公司主要是希望通过预缴方式取得稳定客源，不是要心存欺骗。由于生产实物的公司，一般都有机器、厂房及生产线等投资，要在短期内建立公司，冒关闭的风险去骗取套票资金，成本较高。

禁止转让是赚钱关键

为什么非服务行业或可转让的服务行业不流行预缴收费模式呢？主要原因是如果实物及服务可再转让，即使购买者未能用完套票，亦可把余下的套票转让给他人，或在套票到期日前兑换所有产品并放在家里。因此，这类公司就不可通过出售较生产力上限为高的套票作为利润来源，而且由于产品可转让，公司不能在套票上作出大幅折扣，以防有人大量购入套票再散卖图利。没有大幅折扣，大家购入套票的意欲便会减小，所以预缴消费在实物市场不流行。

买了套票的朋友，或许都有过一些不愉快的经历，最严重的是服务供应商倒闭，导致血本无归。即使公司声誉良好，很多时候都未能赶得及在限期前用完套票，或永远预约不到时间去接受服务。由于客人一般不能在限期前用完套票，所以大部分服务提供者都会卖出超过公司服务上限的套票。若套票可以转让，当我在最后一个月赶不及做三次美容，并把余下两张套票转让或送给他人，公司便不能超额销售套票谋利。因此，短的有效期及不能转让是赚钱关键。试想想有没有美容院游说你购买 5 年有效期及可转让的套票？

公司结业 一局输尽

购入套票之所以有风险，是因为当公司预先套现大量现金后，消费者身份便由尊贵客人变成其负累。如果公司存心欺骗，闭门大吉是最佳选择。

为什么这些公司不单靠按次收费的模式经营呢？主要原因是需求不稳定。有些行业的兴起，只是一个短暂的热潮，热潮过后便优胜劣汰。例如瑜伽热潮，公司希望在高峰时多卖出一些套票，但热潮过后便没有新资金流入，存心欺骗的公司会不断游说客人加码买入套票，然后结业。

试想想，如果一家公司可在短期内卖出 5000 套，每套价值 2 万元的套票，那便很容易套现 1 亿元。即使继续经营，每年利润也可能只有 1000 万元，所以把公司结业是最佳决定。公司可能以热潮减退或成本上涨为借口，转移公众视线，却没有清楚交代套票资金的去向。

忌冲动，买套票宜先试水温。在决定购入套票前，先不要被套票的大幅折扣价冲昏头脑，必须考虑公司结业的可能性、套票的有效期是否合理、其他客人是否经常预约不到服务，以及公司职员有否过分热衷地销售套票。我认为最好是头一年先以散买的方法试试公司的服务水平及稳健性，再决定是否购买套票。

其实预缴式消费公司的倒闭，政府亦要负上监管不力的责任。政府可以推出一些政策，如规定公司先向政府缴交大额按金，才能使用预缴收费的方式经营。此外，政府亦可立法，凡是以预缴式销售的公司，都必须以现金，并按使用比例回购客人未用完的套票。但如果公司存心欺骗，这方法也不管用。最好的方法是立法要求公司把客人已预缴的套票资金先寄存于政府或律师事务所，公司每月再按套票的使用量向寄存机构支取现金，余下的套票资金则用作成立业界基金，作赔偿用途。这样便可分辨出希望获得长期客户的健康公司，以及只希望从中牟利的公司。

5.6 如何减少装修开支

很多年轻人以为存够了房价 30% 的钱，便可以立即入市。不少第一次买房的年轻业主，都遇到资金周转的问题，买完房时发现印花税、律师费、水电燃气费、装修费等要动辄 10 万以上，相当于家庭月收入的几倍，便大失预算。在这些费用里面，装修费的波幅可以很大，很容易超支。我有多次家居装修经验，可和大家分享一下如何以较少成本得到预期的装修效果。

避开雨季 缩短施工期

装修的成本大致可分为人工费和材料费。先讲人工费，比如在香港，装修行业是用判头制，判头（装修工程承包人）通常学师出身，并有一技之长，如木工、电工、水管、泥水工匠；判头有自己的班底，而且可能同时有几个装修项目在手，所以他不一定全程亲自动工，但会监督工程的进展和开支。装修师傅不是月薪制，而是以每个工序计算，判头为控制成本，一般都待进行有关工序时，才安排负责该工序的师傅开始工作，天气及公众假期会影响装修的进度及成本。

我们应避免在雨季及公众假期多的月份进行装修。在雨天，油漆及地板打蜡很难在潮湿环境下干透，更不能进行花园及室外装修。如果因家居装修而要租住酒店，最好避免装修时间被不必要地拖延；还有一点要注意，应按进度分期支付装修费用，以及与师傅多沟通。装修判头的生意很多时都是靠旧客户的口碑，他们一般都希望客人再次光顾，以及多介绍些亲友给他们。判头是业主和其他师傅的中间人，很多时候问题的发生在于沟通不足，大家多沟通便可减少材料和工时浪费。

外地选购装修材料

此外，材料的成本也是可以减低的。简单的装修材料如墙纸，一般都是由业主提供。其他的建材，如地板、云石等，业主一般都只会给师傅指示，很少亲自选购。香港的装修材料市场集中于湾仔及旺角新填地街一带，大家如希望节省材料费，尤其是大规模装修，必须多花一点时间在选料上，货比三家，而且不一定要在香港选购。

深圳有大型的装修材料商场，货品种类比香港多，而且较香港同类货品便宜得多。我多年前装修家居时，便亲自往内地选购室外地板和云石。很多人都会觉得亲自去研究和买材料，费时费事，但如果可减少 30% 至 50% 的建材费，可能已等于月收入的几倍，而且也可学到不少建材知识，经济上十分划算。

5.7 旅游经济学

我因工作需要经常到外地开学术会议、考察及聘请新同事，有空的时候也会在当地参观一些旅游景点及购物。虽然这些都是公费活动，不用自己花心思在如何省钱的问题上。但我也很喜欢自己亲自计划旅程，不太喜欢参加旅行团，因为时间较紧迫和膳食未必合乎心意。

自己计划旅程虽然辛苦，但可以学到很多东西，如一个城市的酒店质量和价钱、坐哪个航空公司飞机飞往目标城市较好，及应该先订酒店还是先订机票。由于预算有限，去旅行对年轻人来说是一项很大的开支，所以很多人会以价钱为首要考虑，尽量选择最便宜的机票及酒店。

先订机票再订酒店

在计划旅程时，若心中已有目的地，那么应先订酒店还是应先订机票呢？道理好比歌曲创作，应先作曲还是先作词？一般来说，一首歌曲是先作曲后填词，虽然也有作曲家为一些古诗词作曲，但这是少数。这是因为作曲所受的条件限制较填词多，亦较困难。同一支曲被谱上不同的歌词是很常见的，但同一段歌词被编上不同的旋律则很罕见。同样道理，我们应先解决机位问题，原因有二：

● **机位较酒店更难成功预订**

从风险管理的角度看，没有机位的风险比没有酒店房间的风险大，例如你从香港飞往新加坡，新加坡的酒店房间数目必定比每天由香港往新加坡的机位多。再者，没有机位，就算有酒店也没有用。

● **取消酒店预订或需缴付手续费**

一般酒店都会向取消预订房间的客人收取手续费，因此应避免因没有机位而取消房间预订。

航空公司如何制定票价

分享预订机位及酒店心得前，让我们先了解航空公司如何制定票价。航空公司的利润，主要来自商务客位、经济客位的公司客，以及里程计划。为什么里程计划会为公司带来利润呢？这主要通过两个现象。首先，同一等级的机票，也会有包含里程的贵价票和不包里程的平价票，有些外出公干的旅客，会选择较贵的那种，理由很简单，因为可把飞行里数计入自己的飞行户口，将来用来兑换免费机票。然而，免费机票一般有很多限制，如限制乘搭非繁忙时段或旅游淡季的航班，所以即使将来客人真的要换取免费机票，航空公司的边际成本（即每多载一名乘客的成本）也不会太高。大家或许也有些飞行里数可换机票，但兑换时要留意时限和航空公司的推广。举例说，你有6万公里飞行里数，可兑换一张香港至法国的来回机票（市值约8000港元），或可兑换两张香港至新加坡的来回机票（来回特价共3000港元）。如果你将要去新加坡，这次便应该把握特价机票的推广优惠，飞行里数则留待下次去法国时才用。

航空业的航班运作以收回成本为首要考虑，当储够一定数量的乘客，剩下的座位的定价便比较有弹性，会先以高价测试市场反应，到了最后才会以特价来吸引乘客。除此之外，一班 500 个座位的航班，有时会接受超过 500 个订位，因为每次总有少数乘客因种种原因放弃机位或未能准时出现。

预订机票全攻略

那么，预订机票又有什么要注意的呢？有些航空公司的机票是海鲜价，不同时间在网上订购会有不同的价钱，所以应多在不同时间浏览那些航空公司的网站做比较，亦可搜集别人的意见及心得。

如果我打算订购经济客位，一般会先选第一排，除了该排空间较宽阔外，最重要的原因是很多有婴儿的乘客都会选择该排座位，而航空公司一般会把原先订下这排的客人免费升级至商务客位，以便把位置让给有婴儿的乘客。我自己就有这样的经验。以往经济客位第一排与其他经济客位的价格一样，但近年各大航空公司已把有关价钱提高。

至于选择窗口位还是走廊位好呢？有些乘客对窗口位

有偏好，因为有景观。如果没有该偏好，最好不要选择近窗口那排的走廊位，尤其是大型飞机，因为会受到两位邻座乘客出入的打扰，如果坐在中排的走廊位，由于有两边出口，最多也只是受一位邻座乘客打扰。

在网上订座位的时候，最好先选中间一连四座，而且没有其他人的座位。如果最后真没有人坐，你便不只有一张座位，而是有一张床，有头等的空间。如果你想增加升级至商务客位的机会，可等至差不多最后一刻才去办理登机手续，希望届时经济客位已满，航空公司会把你免费升级至商务客位。

以最少钱订最高级房间

预订酒店也有经济原则：以最低的价钱，订到最高级及地理位置最好的酒店。我的做法是先去一些最后一分钟的酒店（last minute hotel）预订网站，看看目的地有哪些酒店在做特价，选几间合心意及价钱在预算内的酒店，但先不要在这些网站预订，而是直接去这些合心意的酒店的网站，找寻同一日子、同一种房间。在考虑了早餐及税项因素后，比较两者，看看在酒店网站直接订购会不会更便宜。我的经验是，通常跟酒店直接订购，会更便宜及稳妥；但要在众多酒店里找出正在做推广的酒店，可先上这些最后一分钟的酒店预订网站寻找信息，以节省时间。

大家亦可登录内地的旅行网站，同一间酒店，内地的网站会比香港或酒店本身的网站更便宜。有时候，部分酒店房间可能比其他同级房间便宜一大截，原因可能是这些房间附近正进行装修工程，会比较吵。但如果你大部分时间都在室外旅游，也不妨租下这些特价房间。

按需要及目的选酒店

选择酒店时，也要寻找切合自己需要的酒店，如你带了小朋友同行，便不要找太高级、私人洋房连私家泳池的酒店，这些酒店会比较适合情侣或新婚夫妇，没有太多小朋友设施，而且私家泳池对小朋友是十分危险的。而且，这些酒店一般不位于市中心，交通不太方便，如果小朋友有什么病痛（如发烧），要半夜去医院也不太方便。

如果主要目的是观光，大部分时间在户外，那么便不需要豪华的大酒店，而是要选择交通便利（如临近地铁站）的酒店。如果旅程时间比较长，需要带很多行李，如去英国伦敦及其周边城市，可首尾几天住伦敦同一间酒店，把部分行李寄存在伦敦的酒店，以便中间的日子能轻装上路。但去欧洲，尤其是法国，要留意是否可能出现工潮，工潮一般会为旅客带来不便，但有时也会有意想不到的收获。我多年前去巴黎旅游，便遇到罗浮宫工人罢工，由于没有人收入场费，结果所有旅客都可免费入场。

不同国家的酒店特色

除此以外，亦要留意不同国家的酒店特色各有不同，如日本及欧洲酒店的房间面积较小，而美国酒店的则较大。因此，我去美国一般都不会入住名牌大酒店，因为一般普通连锁式酒店已很宽敞，而价钱只是名牌酒店的四分之一。

澳洲酒店很多都是连客厅厨房的家庭式房间，厨房内微波炉、电煮食炉、烤箱及洗碗机等都齐全，所以去澳洲我会预订连住三晚送一晚免费的家庭式酒店。而且由于澳洲超市里的食物新鲜便宜，而外出用膳则非常贵，所以在酒店内做饭会更符合经验效益。

虽然旅游一般以观光为主，但吃喝玩乐也是旅游中的重要环节。食用的开支不用太多，但一定要尝地道美食，借以体验当地文化，如当地的街边小吃或特产。例如在日本，一间普通食店的拉面及寿司都比香港很多日本餐厅好吃得多。

　　购物是女孩子去旅行的最重要项目，我自己也会购买一些比香港便宜得多的产品回港，尤其是产品就是该国的牌子。如果购买量足够，货品的差价已等于机票价钱，所以旅行购物不一定是一种浪费金钱的行为，因为它可取代购买进口货，省回的开支可用来资助旅行费用。

第六章

建立多元化的投资组合

6.1 我的投资心得

　　有些人问我，他们不是学商科或经济出身，而是学文科或工程出身，为什么要懂投资。我认识一些学文学艺术出身的人，他们比较理想型，拥有太多金钱对他们来说会有罪恶感；而学工程科学的人士，比较务实，收入来自努力工作得来的工资。

　　其实我认为不管你的学历背景是什么，都要懂投资，因为当你工作多年后，有了一定的资产，人生后期每月资产的波幅会比月薪还高。如你有 1000 万元资产，只要每月波动 2%，即 20 万元，如果你又不懂得一些投资知识，那你每个月赚得的工资可能不足以抵消投资上的损失。

投资严守两规则

投资者要有自己的目标和投资哲学。首先大家可先定下财富目标，如 30 岁要有 100 万元，40 岁要有 1000 万元，50 岁要有 1 亿元。不怕目标定得高，最怕是没有目标。有了目标后，要经常观察自己财富的增长速度。可在计算机建立一个文件，详细记录每月净资产的变化。有了量度自己财富的标尺之后，当财富增长时会感到鼓舞，财富减少时可实时检讨投资策略。投资者要有自己的投资哲学及纪律，我认为有两点要注意：

● 不要用日常生活开支去投资

香港有不少所谓"月光族"人士，即每月的收入全部花掉，没有积蓄。有些月光族，月初发工资，就将部分薪金拿去股市炒卖，希望可赚些生活费。但这其实是很坏的习惯，跟赌钱差不多。股市无常，就算你眼光再好，但心仪的股票不一定在一个月内就会出现升幅。久而久之，必定入不敷出，债台高筑，生活过得不快乐。投资是希望将来有安稳和快乐的生活。如果因为投资影响日常生活的话，不如不要投资。

● 不要希望"抄底"

能够在投资市场"抄底"当然好，但是只有少数幸运儿可做到。我认为只要觉得股票已跌到合理价位，而股息回报又不错的话，就可以入市，即使可能再跌，但自己已比高位入货的人幸运很多。

内地企业主宰香港股市

有了财富目标和建立了自己的投资哲学后，就要对投资工具及途径有所认识。比如，香港人常见的投资途径有股票、外币、黄金、房产、车位及商铺等。

至于其他投资，如衍生工具，我则不太推荐。我认为投资项目必定要有定期的回报，如租金或股息，才可叫投资，否则与赌博无异。投资银行喜欢叫自己设计的衍生投资工具为产品，我觉得"产品"一词有些不妥。产品一般是指可触摸得到的消费品，及为消费者带来满足感及快乐，对社会有正面的贡献。衍生投资工具，一来不能触摸，二来不是消费品，三来一些有毒衍生投资工具为金融市场带来风暴，对社会有破坏性。所以我从不太鼓励市民买卖衍生投资工具。

6.2 利用技术分析帮助投资

我本身十分喜爱做学术研究,专长是理论计量经济学,这是一门十分数学化的专业。由于时下的大学生比较不喜欢数学,所以学生大多不喜欢此专业,即使是大学学数学、在研究院选修经济学的同学,都觉得我教的东西十分困难。由于大学教育普及化,这一代的学子都舍难取易,这跟我读大学时的心态刚好相反。虽说教育是神圣的东西,但专业的存亡都要遵守市场定律,老师不能改变学生的口味,便要改变自己去适应市场。

年轻人可能在网络或电视上经常接触到很多技术分析的用语,例如平均线、头肩顶、相对强弱指数、波浪理论等,但这些东西,在一般大学的"正规"财务学课程中是不会教授的,原因可能是"正规"的财务学者觉得技术分析没有理论根据,不能登大雅之堂。

从技术指标看市场气氛

由于各大学没有一个有系统的技术分析课程,我在十几年前创立了一门课程，教授有关股票及外汇市场上的技术分析。由于我在念大学时已任职外汇经纪，所以对技术分析及股汇市场都已有一定的认识，现在亦有参与外汇买卖。外汇的风险大，我只用少量金钱去投资，只是玩票性质，考考自己的眼光。

技术分析课程开办之后，选修该课程的学生十分多，到现在仍是系内最受欢迎的课程之一。我分析了课程受欢迎的原因，可能是课程的内容浅显，只要懂得加减乘除便可，而且人的本性是喜欢增加自己的财富，所以有关"赚钱"的课程通常比较受欢迎。除了大学本科外，我亦曾在香港中文大学商学院的半工半读硕士课程教授类似的科目，效果同样奇佳，因为那些学生都是在职人士，很多甚至年纪比我大，上课时大家就好像朋友般交谈。

为了对技术分析课程内容有更深入的了解，我也做了有关的学术研究，部分已在国际期刊发表。我发现近年的财务学报亦刊登越来越多与技术分析有关的论文。技术分析的学术研究，主要是探索某种技术分析工具，如平均线、相对强弱指数、保力加通道等，用过去数十年的数据及指定的买卖规律计算回报率。

大部分技术指标工具都是建立在过往的股价基础上，通常是用收市价，但有些也用到开市价、最高价及最低价，有些甚至用到成交量的信息。但总括来说，这些指标大多以0到100为波动范围，以50为中心。例如，相对强弱指数、RSI（Relative Strength Index）及随机指数（Stochastics）等。有些不限波动范围的通常以0为中心，例如移动平均汇聚背驰指针（MACX）等。这些指针标看起来很复杂，其实原理很简单，市况好的时候指标会往上，指标超越中心线时市场气氛良好；相反，跌市时指标会向下，低于中心线时市场气氛低落。

应用于新兴市场 胜算更高

我从研究中发现，技术分析的成效要比预期好。能否利用技术分析在市场上赚钱，取决于市场是否有效率，如果市场有效率的话，那么任何方法的买卖策略应不能长期赚钱。我的实证研究发现，在成熟的市场如美国、日本、英国、德国等，技术分析的赚钱成效不大，反映这些市场十分有效率。但在新兴市场如中国、俄罗斯等，则有利可图，而新兴市场又以巴西最为有效率。

如果把新兴市场，例如中国的股市，分成前十年和后十年测试，技术分析在后十年的赚钱能力明显下降，反映新兴市场随着经济的发展也变得越来越有效率。但香港市场则发现相反的结果，由于恒生指数近年加入了不少内地重磅股，令香港股市的效率较已往微跌。在香港的市场，某些技术指标也有好的表现。

由于任教有关科目，学生经常问我：买哪只股票好？对于这类问题，我总是向他们重申自己并不是股评人，而是教授，责任是把方法传授给他们。年轻人要留意，不同的股票、外汇、数据、技术分析工具及买卖规律都会产生不同的回报率及风险，因此，任何研究只可作参考，不能尽信。

6.3 如何投资外汇市场

很多人喜欢持有外币，以往最受欢迎的是高息货币，如澳元、新西兰元、英镑等，近年则较多人持有人民币。投资这些外币的最简单方法是实货投资，如外币及人民币定期存款。

实货投资的意思是要持有多少的外币，就要拿等值的本地货币来购买，例如你希望持有 1 万元英镑，就要拿出相当于 1 万英镑的港元（约 10 万）去投资。你的收益是该 1 万英镑的利息，及英镑汇价的升幅，而风险则是英镑汇价的下跌。由于实货外币投资要准备较多资金，但外币升跌的幅度不大，而且一般投资者很难对所有外币及影响其升跌的国际新闻有全面认识，所以外币投资不像股票投资般受小投资者欢迎。

孖展买卖 风险极高

为了吸引投资者投资外汇市场，银行及外汇公司都会推出杠杆式外汇买卖投资，俗称孖展（Margin，保证金）。杠杆式外汇买卖的全盛时期是 20 世纪 80 年代末，我当年也在两家公司当过外汇经纪。当时没有什么规管，所以部分外汇投资公司的按金要求只是 1%，即杠杆比率达 100 倍，用 1 万元资金就可买卖 100 万元的外汇资产，是十分高风险的投资。由于外汇市场一日的升跌幅度一般都有 2%，所以只要看错市，就有很大机会被斩仓。

后来政府加大对外汇杠杆交易的管制，现在以杠杆操作买卖外汇，最大的杠杆比例是 15 倍，按金最少要 6.7%，而且必须在按金水平接近 3% 时补仓，否则便会被斩仓。外币买卖的报价单位是美元，一般银行及外汇公司都有较常见的外币买卖合约，例如日元、欧元、澳元、新西兰元，加元及瑞士法郎。杠杆买卖跟实货买卖的分别，除了资金的要求水平不同外，就是实货买卖的投资者对任何一种货币都不能先卖后买，但杠杆式则可以。

杠杆的运作原理

让我举一个很简单的例子去说明外汇杠杆如何运作及其风险。例如，当买入 5 万澳元，买入价正好是 1 澳元兑 1 美元，所以理论上需要有 5 万美元，但由于有 15 倍的杠杆，实际只需要约 3000 美元，便可买入这 5 万澳元。

假设澳元一星期后升到 1 澳元兑 1.1 美元，持有的 5 万澳元便值 5.5 万美元，即你所拿出来的约 3000 美元，在一星期便赚了 5000 美元，利润相当可观。然而，如果是卖出而不是买入 5 万澳元，损失便是 5000 美元，比约 3000 美元的按金还要多，若希望继续维持该买卖合约，就要补仓。

杠杆式买卖 先计利息支出

因此，必须谨记外汇孖展买卖的风险十分之大，而以上的损益计算还未计息差的损益。如果买入5万澳元实货，便只收取利息，而不需要支付利息；但如果是杠杆式买卖，若只有1元，为什么可控制15元的资产呢？原因是银行借钱给你。因此，虽然可收取买入的5万澳元所带来的利息，但同时也要支付卖出的5万美元所需支付的利息。如果美元贷出的利率高于澳元的利率，买卖合约便会有净利息支出。这个净利息支出的金额可能很大，所以在买卖杠杆式外汇合约时，也要计算利息支出的风险。

如果你开了个孖展户口，有一张买卖合约，但所持有的合约正在亏钱。若你希望多买一张合约，便要再存另一笔钱入该户口内，这笔钱要足够填补第一张合约的浮动亏损及第二张合约所需的最低按金要求。为减少第二张合约的资金需求，有些投资者会开设两个杠杆户口，这便不需要先填补之前的合约的浮动亏损。

衡量投资压力 做好对冲

外汇市场与股票市场最大不同之处是，外汇市场是24小时运作，如果投资外汇，你便要每时每刻都留意市场的讯息，压力比投资股票大。尤其是当按金水平已很低，而你又不够资金补仓时，可能连觉也不敢睡。

杠杆式外汇买卖，除了风险大以外，还会很影响你的日常生活。所以我不鼓励对外汇市场不了解的投资者买卖孖展。就算有兴趣及相关知识，希望做这方面的投资，也不要做到15倍杠杆，两至三倍的杠杆会比较安全及不影响日常生活。而买入的外币最好也是将来用得着的，例如你打算将来用5万澳元去澳大利亚旅行、移民或送子女去留学，那你今天买入的5万澳元，可视为与将来的开支对冲。即使澳元将来升值，现在所持有的澳元所赚的会对冲将来所需开支的增加。反之，如果澳元跌了，虽然投资上有损失，但将来去澳大利亚的开支成本同样也会下降。

6.4 男性应该投资在外表上吗

爱美好像只是女性的专利，女性无论工作与否，都会投资于自己的仪容，而男性则比较没那么重视自己的仪容。在经济学文献上，已有实证证明样貌较好的人工资会较高。

解构样貌与工资的关系

理论上，一家公司或机构提供的工作报酬应只基于员工的工作能力，而我们所观察到样貌较好的人工资较高，有两个可能性：

第一个可能是外表与工作能力有直接关系。外表好的人，实际工作能力较强，自然得到一个较高的报酬。如果我们以票房而不是以演技去衡量一个明星的工作能力，那么电影明星便属于此类。你会发现不少明星都有整容，因为外貌就是他们的资产，是生财工具，需要维修保养。

另一个可能是外表跟工作能力没有直接关系，但雇主或客人愿意付出更多金钱与外表较好而不是其貌不扬的工作伙伴共事，正如有些公司比较愿意投资公司的内部装修一样。你在替老板工作的同时，其实也在售卖你的外表。

转变生活方式 提高外表资产

一些不用与人合作，或上司下属关系不明显的行业，如艺术家、学者等，他们的主要收入与个人才能有较直接关系。好的外表不一定为他们带来更高的收入，所以他们较倾向于将时间投资于本业上，而非衣着外表。

然而，这只是个别行业的现象，一般而言，我认为还是注重外表较好，至少要整齐清洁，有助增加收入。女孩子一般在出门前化妆，因为其妆容会随时间减值。其实男孩子也可花钱美容，但如果资金有限，我建议不妨试试改变生活方式，不用投资额外的时间与金钱，也可提高外表资产值。

假设每天只可洗澡一次，有些人喜欢在晚上洗澡，有些人则喜欢在早上上班前洗澡，那么何时洗澡对收入最有帮助呢？如果外表洁净整齐对你的工作十分重要，那么应该在上班前的一刻才洗澡，而一般是在早上，一来可以一天最清洁整齐的外表去见人，二来洗澡后会比较精神，以最佳状态去应付一天的工作。

男性仪表应实而不华

我认为男性也应该花一些时间投资在外表上，但不用过分。最基本的清洁整齐不用花多少金钱或时间，更进一步的可投资在衣着上，但也要量力而为。不一定要每件衣服都是名牌，最重要的是要培养衣着的品位。有时两件颜色配搭得宜的普通衣服，会比两件配搭不好的名牌衣服更吸引人。

更高层次的外表投资是整容。对于整容，我个人是持保留态度，一来我比较传统，相信身体发肤受之于父母，二来整容不是一次性的投资，整容后仍需持续维修保养，更甚者，当整容的范围越来越大，支出便越多，就算不影响健康，终身整容的投资回报也不会太高。

那么，如果不去整容，自己其貌不扬，或体型太瘦或太肥，应怎么办？我认为有两个方法：一是从事较少与大众面对面接触的行业，不要被自己的不利条件影响收入，但这是消极的方法；另一个比较积极的做法是保持自信心，努力工作，长远来说，你也会得到相应的回报。

6.5 投资车位地铺的经济学

在香港，自从政府实施住房短期买卖印花税后，不少房产炒卖者改炒车位。车位投资所需的金额不大，而且不用维修保养，租金回报可观，是一项非常不错的投资。而投资地铺则需要较多资金，但如果选对位置，可享惊人的升值潜力。然而，我们在投资车位或地铺前，应该妥善考虑多项因素，再作决定。

投资车位的技巧

年轻人如何选择有升值潜力的车位呢？我认为必须考虑以下因素：

一、小区的交通不要太方便：如果小区位于地铁站旁边，一来住客对私家车的需求较少，二来不开车的市民才会选择地铁旁的房产。而且地铁旁边的小区多附有商场及其车位，连带周边的停车场，车位供应充足，因此升值潜力较低。

二、车位与户数的比例不要太高。该比例最好低于1:1，低于 1∶5 更好。一般来说，小户型为主的小区，其车位与户数的比例较低。

三、如果两个小区的车位比例相近，可选择一些以大户型为主的小区。例如，选择每户均超过 100 平方米的年轻小区，而户数在 300 以下。年轻小区的住客，主要是有小孩的家庭，而小孩一般都是小学生或更年幼，日间有很多活动需要家长参与。由于小朋友不会自己乘车，所以这些家庭很多时候都需要两部车，一部爸爸用来上班，一部妈妈用来照顾小朋友。

四、选择开发商仍持有大量车位的小区。有资金的话，可大手入货，跟开发商拿取折扣，再以零售方式出售或出租车位。

五、车位位置最好为单边车位及靠近停车场电梯口，以及不要在泳池下面，以免漏水。

车位租客主要是同一屋苑的住客，既然买了私家车，不可能因车位加租几百元就搬迁或把车卖掉。尤其是车位供应不足的小区，由于竞争不大，车位拥有人的议价能力较租客强，可收取较高的租金。

在香港，另一个有利车位投资的因素是，政府在

2011 年公布措施打击"发水楼"，令开发商以后兴建的停车场的车位数目减少，所以将来新楼盘及附近停车场的车位会有很大的升值潜力。

虽然车位有很大的投资价值，但是也有潜在的风险。投资车位跟投资一般的住宅单位有些不同，购买住宅物业主要是希望升值，而车位主要是为了收取租金。在经济下滑时，市民还是要找地方住，却可能会选择把车卖掉，省回租车位的钱。所以在经济衰退时，车位的租金波动可以很大。此外，买房后如果租不出还可以自住，但车位租不出去就只有丢空，或以远低于市价放租，不能自用，没有什么实用价值。

地铺投资 退休收租之选

如果你已经还完房贷，希望多投资一项资产，以供将来退休时作收取租金之用，我认为在香港，地铺是一项不错的投资。地铺跟住宅单位不一样，住宅每年都会增加，但香港的地铺主要在旧楼地下，旧楼随着市区重建会愈来愈少，而新的住宅多为大型小区，不设地铺，所以地铺的供应只会愈来愈少，极具升值潜力。

由于地铺是用来做生意的，其价值不在于面积的大小，而在于人流的数目。2012 年时，铜锣湾波斯富街与罗素街交界的一个建筑面积仅 60 平方米的铺位，以高达 3.8 亿元成交，成为新铺王。如投资有潜质的地铺，其升值潜力可以很惊人。

首选主题街道或交界点

如何选择有潜质的地铺呢？我认为可注意以下几点：

一、地铺位置。正如以上的铺王一样，最好在两条街的交界，这个位置除了可吸引两条街的人流外，还有一个很大的优点，就是街角位通常是交通灯位，是市民必经而且要停下来的地方。市民停下来后，可能会进入店铺，不然也会在留意交通灯时，有半分钟的时间望到对面马路街角的地铺招牌，这广告效用大大增加了街角铺的价值。

二、铺面的宽度比深度重要。如果有两个面积相同的非街角铺位，最好选一个铺面宽阔的。市民首先看到的是阔度，会认为宽阔的店铺会逛得比较舒服。而且铺面宽些，橱窗可多放些货品吸引街外人流。

三、主题的街道。如香港的海味街、金鱼街、波鞋街等，这些知名街道有稳定人流，而且可能会再扩张及伸展，伸展之处也具投资潜力。

四、发掘有潜质成为名店街的街道。有国际最知名品牌进驻的街道，如香港的广东道，现在已成为名店街，是游客必去之地。要成为名店街，街道附近必须有高级酒店及地铁，方便游客。还要有旅游景点，游客可在同一日同时观光和购物，减低时间成本。这就是为何香港的广东道及巴黎的香榭丽舍大道可发展成为名店街，而香港的山顶、中环及沙田却不能的原因。

五、选择住宅大厦出入口两旁的铺位。售卖市民生活必需品的商店，如便利店、西饼店、药房对这些铺位的需求最大。

6.6 另类投资的选择

虽然香港是一个金融中心，但市民的投资类型其实不多，大部分市民都把资金投放在传统投资产品上，如股票、住宅物业、外币或黄金。其实市场有很多另类投资产品，

如邮票、钱币、红酒、古董、会籍、车牌、出租车牌、名
表、名画、书法、陶瓷、名种宠物等。

按兴趣寻找投资产品

以上的另类投资，也可以带来丰厚的利润，它们都有
以下几个特质：

● 有很长的生命期

能够成为投资品，必定是可被转让的东西，而且有一
个较长的生命期。它可以是有形的实物或耐用品，也可以
是无形的使用权或经营权，但必定有较长的生命期，让它
可被多次转让。

● 有限及渐少的供应

要成为有投资价值的产品，通常是独一无二的，如艺
术品及古董；或者是供应量或供应期有限，如某名画家的
作品及纪念钞票，而供应量愈多的物品则愈难有升值潜力。

● 拥有来自兴趣或商业人群的长期需求

另类投资产品跟传统投资产品（如股票）的一个很大
的不同之处，就是这类投资大多来自个人的兴趣或收藏，
如邮票、红酒。这类产品有最终的用家需求，甚至有些人

会对这些物品产生感情而不作转让。要投资这类东西，最好令它变成自身兴趣，否则便要花很长时间对此作研究，如学会欣赏名画或红酒，才可知道哪件物品有升值潜力。我自小就有收集邮票和钱币的嗜好，但由于是兴趣，对收藏的东西有感情，故此从来只收不卖。

兴趣投资品虽然有升值潜力，但由于需要投放大量时间去学习产品知识，时间成本不少，而且投放越多时间，便越不舍得卖掉，所以计入时间成本、维修保养费、储藏和保险成本，以及其他因素，这些兴趣投资品的年回报率不一定很高。

非兴趣类别的产品

以下介绍两种非兴趣类别的另类投资品：

● 车牌

我曾竞投车牌，所以很留意车牌市场的动向。香港在早期发出的车牌，是没有英文字头的，后来车辆愈来愈多，便加上 HK 及 XX 的英文字头，最后 HK 及 XX 都不够用，便由 AA 开始发牌。自 1973 年 5 月开始拍卖的车牌，收益都是捐给奖券基金，不纳入政府库房。

中国人追求好意头，尤其是广东人，对8号情有独钟，"8"在广东话的发音与发财的"发"相近。除了"8"以外，"2""3"亦是近年流行的数字。此外，无英文字头、相同英文字头或相同数字都是比较贵的车牌。一个无英文字头的个位数字的车牌，在20世纪70年代卖数十万港元，90年代已升破1000万港元。而且车牌不用维修保养及买保险，投资车牌既可做善事也可赚钱，一举两得，于1994年以1300万港元成交的无英文字头的"9"号车牌，是当年全世界最贵的车牌，曾被列入健力士世界纪录大全。2016年2月，无字头车牌"28"以最高价1810万元成交，打破历来最高车牌拍卖成交价纪录。

车牌市场有趣之处，是不可转让的车牌比可转让的贵。从经济学的角度而言，如果同一样东西，一个可转让，另一个不可转让，理应可转让的比不可转让的昂贵。但在车牌市场，由于车牌号码都是独一无二的，加上运输署把比较独特的车牌定为不可转让，造成样本偏差，物以稀为贵，市民便有错觉认为不可转让的东西比可转让的贵。有些人由于想长期拥有不可转让的车牌，但同时又想解决这个不可转让的规定，便以公司名义持有，以便日后能以出售公司的手法来转让车牌。因此，所有车牌技术上都是可转让的。

除此之外，在香港亦可投资自订车牌，但自订车牌的投资价值比传统车牌低，主要是因为自订车牌有年期限制，而且有太多类似的供应。例如你自订了一个"CAR"的车牌，其他人也可订一个类似的车牌如"MY CAR"。有限的使用年期及太多的类似供应，减低了自订车牌的投资价值。

● 滑雪场别墅

香港不会下雪，不少家庭会一家大小在长假期出外滑雪。在香港，如果你有 1000 万港元，可能连海景别墅也买不起；但在外国，1000 万港元却可以买到很多的雪景别墅。

温哥华和多伦多等是香港人比较熟悉的会下雪的城市，而瑞士也是滑雪胜地，位于阿尔卑斯山脉中心的别墅，250 平方米房屋连花园及游泳池，约售 200 万瑞士法郎（约 1600 万港元）。虽然这些欧美城市的房价比香港同级的便宜，但若加上长途飞机往来，一家大小在交通上所付出的时间及金钱成本太大，如果只是去度假几日，便十分不划算。

韩国及日本也有滑雪场度假别墅。韩国的滑雪场主要集中在京畿道和江原道，那里的配套和设施都很成熟和齐全。300平方米的别墅价值20亿韩元（约1400万港元）。在北海道，滑雪胜地二世古的别墅吸引了不少来自上海和北京的商人购买。一幢200平方米的度假别墅约500万至800万港元。但由于语言不通，加上旅客不可长期逗留，所以在韩国及日本购买物业有一定的风险。

大家如果有兴趣买一间雪景别墅供一家人度假及滑雪之用，可考虑国内滑雪场附近的物业。距离哈尔滨市约4小时车程的亚布力，是中国国家队的集训场地，曾举办过世界级的滑雪比赛，而香港直航到哈尔滨只需4.5小时。全球知名的法国某度假集团于全中国的第一个度假村，选址就在亚布力。而距离酒店度假村及吊车站非常近的地方，则开发了一个别墅区，位置和设计都不错。在自己的大屋内，坐在火炉边欣赏窗外的雪景，步出屋外就可以滑雪，是人生一大享受。而由于这些滑雪别墅供应不多，故此有很大的升值潜力。

不过，不论是哪一类投资产品，投资前最好先了解清楚产品特性及风险，并量力而为。

第七章

认清目标　走出人生迷宫

7.1 父母的钱就是我的钱

有朋友与我分享其亲身经历：他曾在买东西的时候，儿子叫他不要乱花钱，他以为儿子年纪这么小就这么懂事，十分欣慰。怎料儿子补上一句：你在花我的钱。如果这是我的子女，我会先反省一下是不是自己对他在这方面的教育做得不够，还是这已是普遍年轻人的想法。

如果你的子女日夜在计算你会有多少家产留给他们，作为父母，会有什么感受？作为子女，又有没有不知不觉地产生希望依赖父母家产过活的想法？

学习独立 别做"啃老族"

内地有所谓"啃老族"，在一孩政策下，独生子女得到最好的照顾，消费最好的名牌东西。到他们进入社会做事，发觉工资不够维持原来的生活水平，便继续寻求父母的资助。甚至有部分年轻人找不到满意的工作，就索性不工作，在家里啃老。

究竟父母与成年子女应有一个怎样的经济关系呢？父母应从子女小时候就培养他们的理财观念。无论你多有钱，也不应让子女以为家里有用不尽的资源，及钱很容易得来的。很多极富有的父母过世后，由于没有教育子女对金钱的正确意识及培养子女的赚钱能力，去世后，子女很快就败了家产，或被有心机的人欺骗了金钱。

子女成年后就应让他们参与社会的经济活动，自力更生之余又可为社会作出一些贡献。子女工作时少不了会受到老板或客人的责骂，有些溺爱子女的父母，心痛子女在外面受气，就不让他们工作，其实这是害了子女，不给他们成长和学习自立的机会，他们将来如何有能力成家立室？到你百年归老，不能再照顾他们，而他们年纪也不轻了，难道那时才要他们从头再来？

小心分配财产给子女

如果不希望子女每天都在计算什么时候可拿取自己的身家，最好一早向他们表明身故后不会留很多钱给他们。广东话有句话叫"好仔不论爷田地"，如果孩子懂事的话，会自食其力，不靠父荫。

但如果你有一个事业"王国"，不能不留给子女，你就应该一早培训他们接班，因为要维持一个企业，必须拥有个人魄力和社交网络，以上条件都不可以一朝建立。如果有多于一个子女可能继承自己的事业，你也要及早作出适当的安排，如把家族事业留给大儿子，至于小儿子，你可出本钱给他做生意，让他建立自己的事业王国。

很多绝顶聪明的企业家，主观地以为子女会同心协力，一同经营家族生意，于是在生前没有作出适当的安排，因而死后便出现子女争产、兄弟反目成仇的情况。个人斗争可讲感情，可以感情解决问题；但集团斗争却讲利益。愈大额的财产，所牵涉的利益愈多，就算兄弟本来感情很好，不想反目，但兄弟各自集团中的人也会互相斗争，把自己的老板推上去做继承者，务求分到利益。在这些情况下，个人意志是敌不过客观利益环境的，这些斗争事件在历史上一直重演。所以父母给子女一大笔钱，也要很有技巧，否则只会害了他。

至于应不应要求子女供养年老的父母，我认为就算晚年富裕，不需要子女供养，也应要求子女每月象征式地给予自己一笔零用钱。主要的目的不是要拿他们的钱，而是要令其明白养育之恩，也可给孙儿看看他们的父母也有供养父母，否则孙儿将来也不会有供养父母的责任感，受害的将会是自己的子女。如果你不需要这笔钱，可以帮子女储起他们给你的钱，待将来他们有需要用时使用。

7.2 年轻人如何走出人生迷宫

我跟很多年轻人谈过他们的前途，发觉大家最大的问题是不知道自己真正想要什么，想做什么工作，以及希望做到什么职位。部分年轻人虽然已经设定了人生目标，但不知道如何达到。

人生如迷宫　勇敢订立目标

其实人生就像一座迷宫，在你踏进社会的一刻，你便走入这迷宫，不再像在学校里每年可自动升班。公司及社会对你的评价、给予的回报，不单基于你的个人成绩，而是由很多自己控制不了的因素决定。

很多时候，你会面对几个看来很好的选择，或处于人生交叉点，例如继续念书好还是工作好，在银行工作好还是做会计师好，选择有钱男友好还是自己爱的男人好，等等。这些人生交叉点，就像迷宫内的分叉路，走错便会进入死胡同，永远找不到迷宫的出口。运气好的话，你可走回头路重新来过，不过可能已浪费了几年时间；运气不好的话，有些决定是不能回头的，例如你生了小孩子就是生了，或过了生育年龄却没有生孩子，以后便不能再生。

要走出人生迷宫，第一件要做的事是设定人生目标。清楚知道自己想要什么，想赚大钱、想做国家领导人、想做大科学家或想嫁人生小孩等，这是个人喜好问题，人人不同，不能把自己的喜好加诸别人身上，也没有人能批评你的喜好，所以不要怕被他人取笑而不去订立人生目标。

没有目标的人生，就像没有出口的迷宫一样，当你踏进人生迷宫，首先要预设这迷宫有一个出口，然后再试图找通往出口的路。身处迷宫，要找出路是很困难的，而且必然会走错路。若要成功以最短的时间到达出口，必须先把自己抽离迷宫，从高处看整个迷宫图，例如多请教前辈，或可减少走冤枉路。然而，看了整个迷宫图也不能保证定能找到出口，达到人生目标。

从迷宫出口找入口

我小时候喜欢自己设计迷宫，知道要增加迷宫的难度，就应只有一条路通往出口，所以必是先画了一条出路，然后再在各处加上疑路。要以最短的时间破解迷宫，唯一的方法就是从迷宫的出口找回入口。

如果真的对人生感到十分迷惘，我建议你不妨采用逆向思考。假设现在已达成人生目标，例如想象自己现在已是一家大公司的行政总裁，自己的心态会是怎样？你需要什么才能，才可坐上这个位置，而且需要作出什么牺牲？事前要先坐在什么位置上，如部门主管或拥有替其他公司赚钱的往绩？什么岁数要达至什么职位，才能赶及退休前坐到最高的位置？你必须像一个年轻优秀的演员，摸索一个老人家的角色。站在这高度看自己的现在，做事会比较成熟。

有了清楚的人生目标，再从目标岗位上走回你现在所处的起点，便能破解人生迷宫。只要你的目标清晰，又肯牺牲短线利益，有很大机会可以达到目标。如果在订立人生目标后，因出现新的信息而有所改变，例如你到了研究院才发现自己不是当科学家的材料，那么唯有向新的目标进发。你的目标不一定会带来最大利益，但如果已经投资了大半生在旧目标，而中途要改变的话，余下的人生很可能不够时间完成新目标，到最后只会变得一事无成。

7.3 生活态度与财富的关系

如果你在路上开车，忽然前面出现一些障碍物，你会怎样做？基本上有三个选择：一、坐在车里等其他人来消除障碍物；二、自己下车清除障碍物；三、把车驶离现场，找其他前往目的地的道路。选第一种方法反映你的生活态度比较被动。选第二及第三种是比较主动的方法。

假设你的工作、人生及前途出现了障碍，你会被动地等问题自己解决，还是主动地去解决呢？我们从小接受的教育都是被动式的教育，老师安排你读什么书及考什么试，每年被安排升班，只要乖乖坐着，便会自动前进。

但进入社会做事，就算如何努力，做得比其他人好，也不一定会自动升职加薪。很多时候会有意想不到的障碍出现在面前，例如性别歧视、外貌因素、办公室政治等。生活上也可能面对障碍，如感情路上遇到情敌。遇到障碍，你可选择安守本分，或主动解决问题。

排队半小时 浪费两年人生

我认为命运应操控在自己的手里，不应坐着等好运到来。而且如果习惯被动，很可能会偏离原本通往人生目标的轨道。

这个信念体现在我日常生活的大小事情上面。除非没有其他选择，否则我从不浪费时间排队等服务，例如一家便宜或食物美味的餐厅，如果不知道等候入座要等多久的话，我会立即去另一家不用等的餐厅。

我开车到加油站去加油，如果超过一分钟都没有人来加油的话，我会立即驶离。如果每天浪费半小时在排队，即每天的 1/48，扣除每天 8 小时的睡眠时间，那么便浪费了人生 1/32 或 3% 的可工作时间。如果寿命是 72 岁，便浪费了两年的时间。你可以按年薪计算一下排队所导致的经济损失，即使一生工作 32 年，也有一年是白做。

及早为等候时间停止损失

如果在消费商品或服务的过程中需要等待，例如在餐厅等候上菜或结账，或在公交车站等车，我会为自己设一个上限，如五分钟或十分钟。如果未能按时提供服务，我会主动找负责人，或改乘其他交通工具。因为服务过程中可能出现问题，如餐厅因客人太多而忘记了你点的菜，又或公交车在途中遇上堵车，这些事情经常发生，必须采取主动，自己解决问题。

面对以上情况，大家最常犯的毛病及想法是如果放弃等待，便白白浪费了刚才的等候时间。如果花了 30 分钟等公交车，必然主观地认为公交车将在下一分钟出现，那么这 31 分钟的等待便变得有价值。然而，如果中间出现问题，再等下去也没有用，反而妨碍了你上班上学。同样地，如果在一家公司工作，希望有发挥自己能力的机会，但一年又一年过去，老板仍然不赏识你，继续被动地等待，只会浪费一生时间。

采取主动 过无悔人生

主动的生活态度，不仅可以应用于事业或生活小事上，也可用在人生大事上。人生最大的事情，莫过于找个自己心爱的人结婚或在一起，但年轻人在追求异性时，部分人会较被动，希望有奇迹出现，或等对方喜欢上自己后再行动，甚至担心表白后连朋友都做不成。

其实，年轻人喜欢一个异性，如不主动表白，是不会有结果的。可能你们仍是朋友，但一辈子却要看着心爱的人被他人追求、与他人结婚及生小孩。最差的情况是，除了勇气，你可能所有条件都比对手好，原本属于你的幸福人生，便因自己的被动心态而丧失。

在战争中，没有将领会希望被敌人牵着鼻子走，人生也一样。虽然主动有时会带来失败，被动也有幸会成功，但能够决定自己命运，比起被他人决定自己的命运更有意义。

7.4 朋友之间的经济关系

我的性格很豪爽，常请他人吃饭，与自己的经济学家身份格格不入。虽然我有些主观意愿希望人人都可以仗义疏财，朋友间讲心不讲金，但现实世界里，我们很多时候都听见朋友、父子、兄弟、夫妻间因财失义，不少生意上的伙伴最终反目成仇。难道亲情及友情真的敌不过金钱的诱惑吗？如果不希望这些事发生在自己身上，可以做些什么去预防呢？

三招避免因财失义

● 不要主动建立经济关系

朋友之间，一旦建立了经济关系，如一起做生意，那么将会不断有大大小小的生意决定、利益分配等问题，需要大家一同做决定。要大家对这些问题都有共同意见是很难的，在决定过程中，必然会产生意见不合、互相批评的情况。若生意成功，可能会出现双方都想独自经营的情况；如果生意失败，大家又会互相埋怨。建立互信的友谊需要很长时间，但破坏它却很容易。如果主动提出经济合作，可能是为友谊埋下炸弹，终有一天会被引爆。所以在提出建立经济合作建议时，必须考虑一下自己会不会因经济损失而与对方反目，而对方又是否为胸襟广阔的人。如果你很珍惜这个朋友，最好不要让金钱玷污了彼此间的友谊。

● 不要以恩人自居

很多时候当你见到朋友很可怜，很需要帮助，便不计回报地出钱出力帮忙。他在得到你的帮助后变得成功，甚至比你更成功，你便可能不知不觉地每天人前人后都以其恩人自居，说没有你便没有他。虽然这是实话，但所有人都希望别人认为自己的成功是全靠自己的努力。以恩人自居，只会令其他人否定朋友的优点，给对方太大的心理包袱，最终令朋友选择疏远你。

这也是为何很多女士不明白自己帮了丈夫或男朋友那么多，到最后还是被抛弃一样。由于角色已由爱人变成恩人，大家平起平坐的关系变成比他高了一等。如果每日提起往事，他就算不"忘恩负义"，选择继续和你一起，心里面也会希望找一个可令他重拾自尊的人。所谓施恩莫望报，但受人恩典要千年记，有这样的态度，才会有长久的朋友。

● 订合约计利息

很多时候朋友之间涉及金钱往来，都没有订下合约，大家讲个"信"字，而且不好意思要朋友立借据及计利息，觉得这样好像不够义气。然而，除非你跟该好友的关系已达到不还钱也无所谓的程度，否则最好还是立据收息，而且要分多期摊还，不要让对方拖到最后才清还。

毕竟环境及双方关系会随着时间过去而改变，拖得愈久，拒绝还款的机会愈大。立据收息，除了保障自己外，还可使你的朋友不觉得受你恩惠。他以利息作为回报，大家维持平等关系，不拖不欠，见面不会尴尬，友谊自可持续发展。

其实朋友之间最好不要有大额的金钱关系，友情也会比较纯洁及持久；否则，有可能会埋下破坏友谊的地雷。

7.5 我对赌博的看法

赌博自古以来便存在，不论穷人或有钱人都会赌钱，这是由于人性的贪婪、好逸恶劳，赌博也因此成了一门十分赚钱的行业，而且制造了不少社会问题。

我个人对赌钱没有太大兴趣，亦从不鼓励不劳而获。在美国读博士时，去过美国东部的赌城大西洋城。那时大西洋城的赌城，为了吸引赌客，会在周边的城市如纽约市，派发往返赌场的长途巴士票，这些客人亦可在赌场内领取十多美元现金作赌本。很多贪小便宜的赌客，来到赌场后把赌场给的赌本输光后，会继续赌下去，结果因小失大，输了很多钱。我自己也有去过大西洋城拿他们免费派发的赌本，但不是拿去赌，而是用来吃顿好的，当作免费旅游。

我偶尔也有买六合彩，每次都只是一张 20 港元的计算机票，而且都是等连续数期没有人中头奖，多宝奖金特别多那期才投注。别人买六合彩喜欢买好意头的号码，如 8、18、28 号等，但这其实会降低预期收益。就算真的中了，由于很多人跟你一样，买了幸运号码，而中奖机会不会因幸运号码而提高，奖金却会因多人买幸运号码而被摊薄。所以我会买非幸运号码，以提升中奖的实际利益。我也会玩老虎机，每次不会多于 200 港元，输了便不再继续。平时也会打麻将训练头脑，赌本也不会超过 200 港元。

从穷人到病态赌徒

如果不涉及金钱或其他赌本，赌博只是一种游戏。游戏只是一个载体，任何有胜负的游戏，如赛马、赛车、足球，都可变成赌博。玩游戏本身无对错之分。赌博之所以害人，是它制造了病态赌徒。有赌博，就有病态赌徒，这中间是有必然性的。

在概率论来看，社会上这么多人赌博，必有少数不幸的人逢赌必输。亦有些人赌注十分大，超过了自己收入可负担的金额。对一个穷人来说，输 1000 万或 2000 万已是没有分别，因为一辈子也还不清。所以如果穷人已输了很多钱，因着心中的不服气、不认命，有了新的资金后，往往最好的做法不是用来还赌债，而是用来继续赌，希望可翻身。这样下去，这个人便慢慢变成病态赌徒，不能自拔。

如果你真的不幸走到这个境地，我建议你把自己当成一个伤残人士，慢慢接受自己已失去肢体（即一大笔财产）及不会出现奇迹的现实，积极勇敢地面对及安排前路，例如与债主或合法的财务机构商讨债务重组。我相信如果一个人能接受自己失去肢体，便可接受失去钱财此等身外物。

假如真的欠了一辈子也还不完的债，便要为自己的行为负责，最坏的情况是坐牢或申请破产。

借钱救朋友 害己害人

人与人的相处贵乎真诚，就算真的失去所有的物质财富，也不会失去真心爱你的亲人及朋友。如果你还希望有奇迹出现，继续赌钱，那么你可能会拖累你的亲人及朋友，就算最终赢了金钱，也会失去他们对你的爱。

如果有朋友因赌债问题向你借钱，就算亲如父母兄弟都不要借。先不要说这笔钱很难收回，最大问题是你借钱给他，你的仁慈便成了帮凶。要一个人停止赌博，帮他还赌债只会有反效果，因为你不知道他拿了钱是用来还债，还是继续去赌以望翻身。

若朋友还不了钱便有生命危险，你若真的不忍心不借，那么便要学会保护自己，立字为据，向他收取一个法律容许的利息上限，如年息50厘，再加上抵押品，要他明白这债非还不可。 即使父母、夫妻或子女也不例外，而且要亲手把钱以支票形式交到债主手上，千万不要让借钱的人接触这笔钱，以免他们再拿去赌博，而支票亦是一个很好的还债凭据，避免他日出现钱已付但债主或借钱的人不承认已还清款项的情况。待借钱的人真的成功改过及戒赌，并还清了欠债后，便可退回多收的利息。

我鼓励年轻人靠自己的努力，遵守社会的游戏规则去赚钱，并享受努力的成果，千万不要因为赚了钱便忘本。人生最快乐的回忆肯定不是来自物质，而是来自心灵。我从一个清贫学生变成有车有房的大学教授，并不曾因为物质上更富裕而觉得特别快乐，有时反而会想回到以前念书的年代。

俗语谓"小赌怡情，大赌乱性，长赌必输"，所以赌钱还是可免则免，否则，应尽力控制，在任何情况下，每月的小赌开支不要超过月薪的1%，输了便算。

7.6 事业不是人生的全部

很多年轻人很聪明、勤奋、事业有成，但把所有心思和时间都投放在事业上，忽略了人生另一些重要的元素，如家庭及对社会的回馈。很多事业成功的人士，因在事业上不择手段而众叛亲离或受到社会的鄙视，背后所付出的代价是一个失败的家庭。

别为自私行为找借口

有些人因过分努力工作，而忽略家人或其他社会责任，他们大多有千万个理由去把自己的行为合理化，主要可分为以下三方面。

● 为增加自己的名声及财富

这些人算是比较诚实及努力工作，把其他事务，如家庭放在次要位置，工作的成果是为自己增加财富和名声。

● 为家庭而工作

有些人，尤其是男性，视赚钱养家为天职，所以一天到晚都工作。如果工资很低或你的工作是多劳多得型，只能靠一天到晚不停地工作，以勉强维持一个家，这个理由也许成立；但如果你已工资很高，亦有足够的财富，那么为家庭而工作的借口便不成立。

● 为了社会、弱势人群，甚至为了人类的将来

这类人士有自己的一套价值观，而且有很强的信念，亦是知识十分丰富、才能十分高的人才，其他人很难改变他们的想法。这些人也分为两类：一类是真的做些大家都

认同他的工作，以及对人类社会有很大的贡献，如电话、电灯的发明者；另一种是高估了自己的工作对其他人的贡献，或主观地认为自己的工作很重要。这类人不一定看重金钱、回报及家人的感受，但却非常看重自己的名声或历史地位，工作只是为了满足自己追求名声的欲望。

放慢事业步伐 关心别人

年轻人有志向是件好事，但千万不要成了笼里的斗鸡。两只斗鸡在笼里生死相搏，但胜利的斗鸡亦要付出很大的代价，而且胜利了仍不过是只笼里鸡，何不走出鸡笼，自由自在？很多人一辈子都看重自己的事业，要成为社会上最强的斗鸡，但却忘记了事业并不是人生的全部，事业以外还有更广阔的天地。

俗语说得对，知足常乐。事业成功，甚至得到全世界，却没有人在身旁一同分享及见证，何其悲哀！其实现今世界，我们生活也相当富足，所需的基本科技及设施都有了，一般人亦不愁衣食，又有各样的娱乐选择。一百年后，也许一部手机已相当于现在的超级计算机，也许交通会更快，医疗也更进步，但吃的还是那些肉、那些菜，亲人朋友也不会因科技进步而对你的爱有所增加，这个世界更不会因为没有了你而令人与人相亲相爱减少了。所以，以事业为重的人，除了太爱自己的名声之外，我也想不出其他真正原因。

努力为事业打拼的代价是时间，建立关系及感情的代价亦是时间，而人一生的时间却是有限的。如果真的选择这辈子全情投入事业，应考虑选择单身；否则，即使有什么崇高的事业理想，也请放慢事业前进的步伐，预留时间，把家人计算入你的人生规划中。

7.7 有名有利之后又如何

这本书的大部分内容都是与年轻人分享怎样开源节流、装备自己、创造财富。如果大家十分聪明、勤奋及幸运，现在已经有名有利、有朋友有家庭、对社会也有贡献，那么还有什么有意义的事要做呢？

经济学家要帮人解决的是，如何利用有限的资源去达到最大的效用。如果你已赚了几辈子也用不完的钱，没有资源短缺的问题，那么在消费方面开源节流的意义便不大。可是，不管你多有钱、多有名气、对社会有多大贡献，有一样资源一定会越来越少，那就是你余下的生命时间。到你名成利就、事业有成，年纪已不小，如何善用余生去完全你的人生，成了你下半生一大问题。

及早做好遗产分配

如果你已衣食无忧，再投放时间在赚钱上，不一定是最佳的做法。有些人毕生努力工作，赚取及积累了大量财富，到了人生最后阶段却没有时间享受工作成果。虽然财富可留给子女或用来捐赠，但这可能会增加子女或其他人的依赖性，未必是好事。

若是有钱人的话，还有一个十分棘手的问题要在生前解决——遗产分配问题；若有几名子女，问题便更复杂。假如思前想后都不知如何分配，我建议你可直接把分配的问题交给其中一名子女，让他把遗产分成几份，由兄弟姊妹选择，而负责分配财产的子女只可拿取其他兄弟姊妹都不要的那一份。如果把财产明显分成不同大小，那么分配人最后只会拿到最小那份。经过这样的一个分配选择过程后，子女都可各取所需，亦没有子女会不满自己所拿的那一份。

为人生做中期检讨

很多国家、政府及大机构的领导人，在第一段任期内，最大的目标是希望连任，故此，很多时候就算有很大抱负，都不敢作大规模改革，以免失去既得利益者的支持，影响连任的机会；到第二段任期，由于没有连任的顾虑，便会做些认为应该做的事情。

人生亦一样，人生的上半场我们可能为了生计、为了养家放弃了自我，迷失了方向。人生是要进行一个中期检讨的，在人生下半场，应去找回自我，用余下的时间去做喜欢的、应做的却未做的事。例如非常喜欢旅行的人，平时工作太忙没有假期，那么可多去旅游；如果希望继续读书，可以在这段日子继续未完成的学业；如果希望结婚，也可找个理想伴侣结婚；以往生活比较单调，朋友都是工作上认识的同事，现在可开放自己，多认识不同层面的朋友，甚至寻找几十年没有联络的大、中、小学同学，一同回忆那些年的日子，也是一件乐事。

那么，应该如何作人生中期检讨呢？可问问自己这样的生活是不是自己希望过的，这个职业是否是自己的理想，选择这个丈夫或妻子有没有后悔；不妨离开目前的所有人和工作一段时间，自己一个人去远行，清静一下，找回自我。

　　人生上半场为了生计及物质食粮，经常受经济思想主导，在下半场作一个检讨，寻回自我后，可为自己种植精神食粮。而且，人生到了下半场，除了余下的日子越来越少外，身体衰老及生病亦是必经阶段，有钱可能令你健康及长寿些，但最重要的还是心境年轻，及保持健康的生活习惯。